KB060004

돈 : 세계사를 움직인 은밀한 주인공

제임스리 지음

시커뮤니케이션

머리말

　우리가 역사 시간에 배운 '사실'들의 뒤안길에는, 때로 아주 재미있거나 황당한 인과관계가 숨어있다.

　기존의 역사서들을 보면 대부분 정치적 관점에서 서술하였다. 하지만 실제 역사를 움직이는 것은 돈과 경제 그 자체이며, 인류와 가장 밀접한 경제 활동의 근원이 되는 돈에 얽힌 에피소드 역시 풍부하게 넘쳐나고 있다.

　많은 학자들이 주장하는 것처럼, 돈의 역사는 결국 화폐가치의 지속적인 하락에 관한 이야기이며, 역사 속 인물들 역시 모두 돈에 대해서는 많은 관심이 있었지만,

그 어느 누구도 돈으로 자기 마음대로 역사를 바꿀 수는 없었다.

역사의 고비마다 그 배후에는 돈의 힘이 강력하게 작용하였다. 현재의 역사 서적 대부분은 승자독식(Winner takes all)의 관점에서 기술되었고, 이로 인해 그들의 돈과 관련된 음모론과 비밀주의 또한 심심치 않게 사람들의 입에 오르내리고 있다.

17세기의 튤립 투기 광풍, 18세기의 남해회사 거품과 미시시피 거품, 1929년 뉴욕 주식시장의 대폭락으로 상징되는 세계 대공황, 그리고 2007년 서브프라임 사태로 야기된 2008년의 글로벌 금융 위기 등 인간의 탐욕이 빚어낸 광기 어린 투기 사례들을 통해 우리는 상당한 기간 역사의 뒤안길에서 혹독한 대가를 치러야만 했다.

1700년대 주식시장에 뛰어들어 결국에는 큰 손해를 본, 만유인력의 법칙을 발견한 뉴턴은 이렇게 말했다. "내가 천체의 움직임은 계산해 낼 수 있지만, 사람들의 미친 짓거리는 계산해 낼 수 없다."

우리가 잘 알고 있는, 돈을 뜻하는 한자어인 전(錢)을 살펴보면 '쇠 금(金)' 옆에 '창 과(戈)'가 두 개나 있는 것을 알 수 있다. 또한 돈과 관련된 단어인, 주택담보 대출로 잘 알려진 모기지론(Mortgage loan)의 어원은 프랑스어로 죽음을 의미하는 'mort'와 담보를 뜻하는 'gage'의 합성어로서 이 단어의 어원에는 이미 죽음이라는 단어가 녹아들어가 있다.

 이 두 단어에서 보듯이 동양이나 서양을 불문하고 공통적으로 돈과 관련된 단어에는 이미 돈에 대한 섬뜩한 경고가 녹아들어가 있음은 주목할 만하다.

 이 책은 경제학자나 전문가들의 학설을 소개하는 심오한 경제서가 아니다. 그동안 시험 위주로 재미 없게 배워온 세계 역사 중 특히 독자들이 관심을 가질만한 돈과 관련된 경제 이야기들을 흥미를 유발할 수 있도록 시대별로 쉽게 풀어서 정리한 상식 모음이다.

 따라서 반드시 책상이 아니더라도 지하철, 버스, 카페 등 어느 장소에서 읽어도 상관 없다. 머릿속에 한가득 남아있는 물음표들을 하나씩 지워가면서 단숨에 읽어내려 갈 수 있는 흥미진진한 이야기들로 가득하다.

 강연 시 받았던, 수강생들의 질문을 포함하여 스마트폰 세대의 눈높이에 맞게 소제목별로 함축적인 내용만을 축약하여 일목요연하게 만들었기에, 독자들은 지금까지 해왔던 것처럼 내용을 암기하거나 하는 그런 수고를 할 필요가 전혀 없다.

단지 역사 속 돈과 경제의 흐름에 대한 지적 호기심을 가지고 이 책을 읽어 내려가다 보면 자신도 모르게 세계사 속의 돈 이야기라는 바다 속으로 푹 빠져들게 될 것임을 확신한다.

그리고 이 분야의 전문가인 중국의 천위루 교수, 일본의 오무라 오지로 교수 등의 수많은 책을 접하면서 공감이 가는 일정 부분은 이 책의 내용에 살짝 녹아들어가 있음을 밝히고자 한다.

마지막으로, 이 책은 필자가 첫 직장인 현대를 거쳐, 호주 JSL투자자문회사 대표, KOTRA(대한무역투자진흥공사) 전문위원 및 지자체 외국인투자유치 위원 등을 역임하면서 수십 년간 쌓아온 실무를 바탕으로한 경제 지식 등에 근간을 두고 쓴 돈과 경제에 관한 이야기이다.

한편 필자는 해외 113 개국 여행 및 약 20년간의 해외 거주 경험을 바탕으로, 현재는 대학 및 공공기관에서 '밖으로 나가면 세계가 보인다'라는 주제로 강연, TV 출연 및 집필활동 등을 왕성하게 하고 있다.

필자의 '소소하지만 확실한 세계사 상식(전자책– 시커뮤니케이션, 2018)'을 이 책과 함께 읽으면서, 보다 더

넓은 눈을 가지고 바깥 세상을 설렘으로 맞이하길 바라면서 머리말을 대신한다.

2019년 3월
대한민국 서울에서
저자 제임스리

목차

돈 : 세계사를 움직인 은밀한 주인공

2019년 3월 25일 1판 1쇄 발행

저자   제임스리
발행인   최지윤
발행처   시커뮤니케이션
         www.seenstory.co.kr
         www.facebook.com/seeseesay
         TEL 02.3492.7321
         FAX 0303.3443.7211
         seenstory@naver.com

서점관리   하늘유통
인쇄   현문인쇄

ISBN   979-11-88579-28-0(03900)

이 도서의 국립중앙도서관 출판예정도서목록(CIP)은 서지정보유통지원시스템 홈페이지(http://seoji.nl.go.kr)와 국가자료종합목록시스템(http://www.nl.go.kr/kolisnet)에서 이용하실 수 있습니다. (CIP제어번호 : CIP2019010035)

돈 : 세계사를 움직인 은밀한 주인공

제임스리 지음

시커뮤니케이션

최초의 화폐는 개오지

 고대에는 쌀, 차, 대나무 조각, 벽돌, 새의 깃털, 카카오 콩 등이 *화폐로 유통되었다고 전해진다.
 특히 어느 곳에서든지 가장 많이 통용되었던 화폐는 '개오지 조개껍질(cowrie shells)'로 알려져 있는데, 이 조개껍질이 기원전부터 화폐로 사용된 이유는 다른 조개들에서 쉽게 볼 수 없는 아름다운 색과 도자기 같은 광택 등의 장점 때문이다.
 특히 길이가 10cm인 '금 개오지'는 태평양 섬 지역의 부족에서 왕의 위엄을 나타내는 장식으로 사용되었고, 길이가 2.5cm 정도의 작은 노란색 '돈 개오지'는 주로 화폐로 통용되었다.
 이 조개껍질은 유럽, 아프리카, 아시아의 등지에서 종종 발견되고 있으며, 오늘날의 미국 달러에 견줄 정도로 영향력을 가지고 가장 널리 유통되었고, 쉽게 교환되었으며, 가장 안정된 가치를 인정받았다.

　고대사회에서 거래를 용이하게 한 위에 열거한 아이템들은 현재 입장에서 보면 전혀 효율적으로 보이지는 않지만, 그럼에도 불구하고 이것들은 현대에 통용되는 화폐가 가진 대부분의 기능을 잘 수행했다.

　이 아이템들은 대금 지불수단으로 거래에 사용됨으로써 교환의 매개수단으로 자리를 잡았고, 가치의 안정성, 척도, 저장수단으로 귀하게 여겨지게 되었다.

　이것들은 약 5천 년 전 상품화폐의 형태로 시작된 이후 문명의 발전과 함께 꾸준히 발달되어 왔다.

　* 화폐사(貨幣史)

　통상 화폐의 역사, 화폐의 기능 및 제도의 연구를 통틀어 일목요연하게 정리한 것을 화폐사(貨幣史)라고 한다. 관련 분야로는 화폐와 그 형태를 연구하는 화폐학 등이 있다.

고대 바빌로니아에
화폐제도가 발달한 이유는

    고대 바빌로니아는 바빌로니아 제국이 형성된 기원전 1895년부터 기원전 1595년까지 약 300년간 존속되었던 문명을 의미한다.

    당시 메소포타미아 지역은 바그다드를 중심으로 북쪽은 아시리아, 남쪽은 바빌로니아에 걸친 지역이었다. 이 지역에서는 질이 좋은 점토를 쉽게 구할 수 있었다. 이 점토로 만든 점토판은 수천 년에 걸쳐 기록, 또는 정보의 중요한 수단이 되었다.

    당시 바빌로니아 제국의 사원은 경제의 중심지로서 사원의 승려가 사업상의 모든 거래를 점토판에 기록했는데, 훗날 발견된 수천의 점토판은 당시 바빌로니아 제국의 상업이 얼마나 발달되었는지를 잘 말해 주고 있다.

    시간이 지나면서 사원의 승려는 저축성 예금을 취급하

였고, 바빌로니아 제국에 은행제도가 발달하기 시작했는데, 이른바 '현금 없는 최초의 발명'은 바빌로니아인의 소중한 유산으로 평가되고 있다.

고대 바빌로니아 제국의 상징인 *함무라비 법전(Code of Hammurabi)과 같이 확립된 법제도, 잘 훈련된 군대를 배경으로한 대외 무역의 번창, 그리고 사원의 체계적인 승려계급 등이 화폐제도가 발달할 수 있는 선행조건이었다.

* 함무라비 법전(Code of Hammurabi)

기원전 1792년부터 1750년 사이에 바빌론을 통치했던 함무라비 왕이 반포한 고대 바빌로니아의 법전으로서 돌기둥에 설형문자로 기록되었다. 우르남무 법전과 같이 100여년 이상 앞선 수메르 법전이 발견되기 전까지, 함무라비 법전은 세계에서 가장 오래된 성문법으로 알려졌다. 형법에는 우리에게 잘 알려진 '눈에는 눈으로'라는 원칙이 적용되었다.

최초의 금화와 은화는 누가 만들었나

　최초의 *경화(硬貨)에는 오해가 있다. 경화는 기원전 7
세기 소아시아 고대국가의 하나인 리디아의 왕 크로이
소스가 처음 만든 것으로 우리에게 알려져 있으나, 파로
스 연대기(고대 그리스의 주요 연대를 기록한 비문)에는
아르고스의 왕 페이돈이 처음 만들었다고 기록되었다.

　리디아에서 만들어진 경화는 강의 모래 밑에서 발견되
는 금과 은의 자연합금인 호박금으로 만들었고, 사자머
리 문양을 새겼다.

　당시 주화에 문양을 새기는 방법은 이웃 나라로 전파
되었으나, 이러한 안전장치를 한 주화도 왕과 같은 권력
자의 불순한 의도로 무게와 순도를 조작할 수 있는 위험
으로부터 자유로울 수는 없었다.

　이후 로마 황제들은 재원 확보를 위해 은화 속의 은 함
량을 줄여나가는 불법 행위를 하였다. 따라서 동일 양의

금속으로 더 많은 화폐를 주조함으로써 주조 차익을 노렸으며, 결과적으로 화폐가치가 하락하는 상황이 발생하게 되었다.

중세 시대에는 지역별 봉건 제후들의 권력이 비대해지면서 주화를 만드는 권리 경쟁은 더욱 치열해졌고, 편법이 판을 치면서 화폐가치는 지속적으로 급락했다.

* 경화(硬貨)

주화는 금속을 주물로 떠서 만든 화폐인데, 구리를 원료로 삼는 경우가 많아 흔히 '동전'이라고 부르며, 지폐와 구별하여 '경화(硬貨)'라고 한다.

역사상 최초로
화폐가치를 하락시킨 정치가는

 고대 아테네는 라우리움(Laurium)에서 채굴된 은광에서 원료를 제공함으로써 그리스의 화폐 주조의 중심지로 부상하였다.

 기원전 5세기, 아테네의 항구인 피라우스(Piraeus)는 환전상의 본고장이 되면서 지중해 세계의 중심지로 거듭날 수 있었는데, 이것은 결코 우연이 아니었다. 주로 화폐제도의 혜택을 입었기 때문이었다.

 아테네인들은 그들의 기나긴 역사 속에서도 화폐 단위와 무게를 변경시키지 않았다. 그러나 기원전 600년 그리스의 대정치가 솔론은 드라크마의 은 함유량을 줄임으로써 역사상 최초로 화폐가치를 하락시킨 인물이 되었다.

 그의 의도는 *드라크마를 페르시아의 통화에 맞추어

두 나라의 경화를 서로 쉽고 편하게 교환할 수 있게 만들어 아테네와 페르시아 간의 무역을 증대시키는데 있었다.

또한 솔론의 전략은 아테네 해군이 다른 지중해 연안 국가들을 침략함으로써 아테네 경제를 부흥시키는 것이었는데, 결과적으로 전리품들이 아테네에 차곡차곡 쌓이면서 지중해 인근의 모든 무역 중심지로부터 경화가 아테네로 몰려들게 되었다.

* 드라크마(Drachma)

고대 그리스의 여러 도시 국가와 고대 헬레니즘 시대에 여러 중동 왕국에서 사용되었던 통화였는데, 그리스는 1832년 같은 이름의 통화 단위를 재도입하여 2002년 유로의 도입 전까지 사용했다.

화폐의 통일이 고대 국가에 끼친 영향

　고대 아테네와 경쟁 관계였던 이웃 스파르타가 페르시아 전쟁으로 군사력이 소진되자, 체력이 약해진 상태로 주위의 눈치를 살피며 조용해졌다. 아테네는 이 기회를 놓치지 않고 그리스의 맹주가 되어 태평성대를 구가하였다.

　특히 라우리움 은광을 발견하면서 아테네는 델로스 동맹 국가 간의 화폐를 일률적으로 통일했는데, 이곳에서 채굴한 순도 높은 은으로 만들어진 은화는 에게해 지역에서 품질이 좋기로 유명했으며, 훗날 로마가 침공할 때까지 널리 통용되었다.

　결론적으로 화폐의 통일은 아테네 상업의 번성과 경제 발전에 강력한 원동력이 되었다.

　한편 고대 아테네에서는 일반 시민들이 동전을 담을 지갑을 가지고 다니지 않아, 입에 넣어 가지고 다녔다는 믿기 어려운 기록도 내려온다.

아테네 사람들은 상업 발전을 통해 막강한 경제력과 군사력으로 다른 나라를 억압하면 억압할수록 더 많은 돈을 벌 수 있다는 사실을 알게 되었다.

결국 아테네인들의 야욕은 기원전 431년 스파르타와 싸움을 시작하면서 *펠로폰네소스 전쟁을 발발시켰다.

* 펠로폰네소스 전쟁

펠로폰네소스 전쟁은 고대 그리스에서 기원전 431년부터 기원전 404년까지 아테네 주도의 델로스 동맹과 스파르타 주도의 펠로폰네소스 동맹 사이에 일어난 전쟁이다. 역사가 투퀴디데스가 그의 저서 '펠로폰네소스 전쟁사'에서 지적했듯이, 이 전쟁은 고대 그리스 도시 국가의 정치, 역사, 문화에 끼친 영향은 매우 주목할 만한 것으로 평가되었다. 특히 전쟁 전 그리스에서 가장 강력한 도시 국가였던 아테네는 전쟁 후 속국 수준으로 전락했으며, 반면에 스파르타는 그리스를 주도하는 위치에 서게 되었다. 결론적으로 이 전쟁은 기원전 5세기에 구가했던 그리스의 황금시대를 종식시킨 일대의 대사건으로 기록되고 있다.

금융업의 시작과 전쟁의 상관 관계

전쟁 당시, 아테네 입장에서는 *그리스 본토의 식량 비축과 전쟁준비를 위한 물자 보급이 급선무였다. 따라서 오랫동안 이어져 내려온 전쟁은 고대 그리스의 금융업을 탄생시킨 충분한 이유가 되었다.

무엇보다 아테네의 금융업은 손해보험의 기원인 모험대차(冒險貸借, bottomry)부터 시작되었고, 주로 아테네, 비잔티움 등 항구도시의 중간상인을 통해 이루어지면서 자연스럽게 이 항구도시들은 상품의 집산지이자 금융과 교역의 중심지가 되었다.

당시 모험대차는 대출과 보험이 함께 결합된 상품이었다. 금융업자가 무역업자에게 자금을 융자할 경우, 이자 이외에 오늘날의 보험료에 해당하는 위험부담 비용을 부과하였다. 대신에 사고로 인하여 원금을 상환하지 못할 경우에는 채무를 면제하는 제도이다.

모험대차는 지금과는 형태가 상당히 달랐는데, 금융업자는 무역업자로부터 약 30~100%에 해당하는 높은 이자를 받는 대신에 크나큰 위험 부담을 감수했다.

펠로폰네소스 전쟁의 산물로서, 특히 해상무역을 하는 무역업자와 상인들을 상대로 이것을 전문적으로 취급하던 아테네의 금융업자들은 소위 환전업이라는 새로운 분야를 최초로 개척하는 계기를 맞게 되었다.

* 그리스의 유래

고대 그리스의 펠레폰네소스 반도에는 높은 땅의 사람, 명예로운 사람이라는 의미의 그레키아 족이 살았는데, 이들은 라틴어로 '그라에키아'라고 불리다가 나중에 영어식으로 바뀌어 현재의 그리스가 되었다. 고대 그리스 문명이 펼쳐졌던 나라로서, 그리스 신화의 주 무대가 된 그리스 공화국은 그리스 신화에 나오는 헬렌과 관계가 깊다. 그리스인들은 헬렌의 후손이라는 뜻에서 자신들을 '헬레네스'라고 부른다. 그리스 문화는 알렉산더 대왕의 동방원정에 의하여 헬레니즘 문화로 발전하였는데, 이는 헬렌에서 유래하였으며, 히브리 민족의 헤브라이즘과 함께 유럽 문화의 원류가 되었다.

최초의 국제 통화를 만든 왕은 누구

*마케도니아의 알렉산더 대왕은 재위 기간의 대부분을 서남아시아와 북아프리카 지역에 대한 정복 활동으로 보냈다.

알렉산더 대왕이 30세가 되었을 때에는 그리스를 시작으로 남쪽으로는 이집트, 동쪽으로는 인도 북서부까지 제국의 영토가 확장되었다.

그가 그리스의 드라크마를 흑해에서 이집트까지, 그리고 그리스에서 인도 경계선까지 유통되는 통화로 만들 정도로 그리스의 영향이 세계적으로 널리 퍼져 나갔다. 이덕에 최초의 국제통화도 이와 더불어 발달되었다.

알렉산더 대왕의 군대는 페르시아를 정복하고 그 시장이 알렉산더 대왕의 제국으로 흡수되자, 그곳에서 얻은 귀금속으로 본인의 모습을 새긴 수천의 드라크마를 만들어 유통시켰다.

이렇게 알렉산더 대왕은 최초의 국제통화를 만들었고, 이것들은 알렉산더 대왕의 사후에도 오랫동안 유통되었다. 이때부터 화폐의 역사는 경제뿐만 아니라 정치와 분리할 수 없는 불가분의 관계가 되었다.

　* 알렉산더 대왕과 애마 부케팔라스의 일화

　알렉산더가 열 살이 되던 해 한 상인이 왕에게 13 달란트짜리 말 한 마리를 가져왔다. 말은 왕을 포함한 그 누구도 태우지 않으려고 난동을 부리는 바람에 왕은 "말을 치워버리라"고 명했다. 그러나 알렉산더는 말이 자신의 그림자를 무서워해서 그렇게 행동하는 것을 알아차리고는, 자신이 "말을 길들이겠다"고 강력히 왕에게 요청했다. 결국 그는 왕의 허락을 받아 말을 진정시킨 후 말에 올라타고 질주하는데 성공했다. 고대 그리스의 전기 작가 플루타르코스는 왕이 알렉산더의 이 매우 용기 있는 행동을 보고 매우 기뻐 눈물을 흘렸고, 말에서 내린 알렉산더의 이마에 입을 맞추며 "아들아! 네 그릇에 맞는 왕국을 만들어라. 마케도니아는 네게 너무 좁다!"라고 말했다고 서술했다. 왕으로부터 말을 하사받은 알렉산더는 말에게 황소머리라는 뜻의 '부케팔라스'라는 이름을 지어주었다. 부케팔라스는 알렉산더의 재위 기간 중 그를 인도까지 태웠는데, 말이 죽을 때 알렉산더는 자신의 애마 이름을 따서 도시의 이름을 '부케팔라스'라고 지었다.

고대 그리스의 고액 과외 비용

　고대 아테네에서는 자식의 입신양명을 원하는 부모들이 자식을 *소피스트에게 보내 수사학과 웅변술을 배우게 했다.

　이렇게 하는 이유는, 아테네의 민주정에서는 어떤 중요한 일을 결정할 때 청중을 설득하여 찬성을 이끌어 낼 수 있도록 세련되게 말하는 것이 매우 중요했기 때문이었다.

　즉, 웅변을 잘해야 정부 고위직에 오를 수 있었고, 타인을 마음대로 지배할 수 있었으며, 타인의 공격을 쉽사리 물리칠 수도 있었다.

　특기할만한 것은, 프로타고라스는 과외비 명목으로 한 과목에 2 탈렌트나 받았다고 하는데, 당시 1 탈렌트면 군함 한 척을 건조할 수 있는 믿지 못할 정도의 고액이었다고 한다.

고대 아테네의 대표적 희극작가인 아리스토파네스는 교육이념과 현실과의 괴리를 테마로 한 그의 작품 '구름'에서, '소크라테스의 학원에서는 돈만 주면 옳건 그르건 상관없이 웅변으로 상대방을 이기는 방법을 가르쳐 준다'고 기술했다.

* 소피스트(Sophist)

그리스어로 소피스트의 원래 의미는 현자(賢者)였으나, 플라톤이나 아리스토텔레스에 의해 궤변가(詭辯家)라는 부정적 의미로 지속적으로 사용되었다. 그러나 최근에는 이러한 부정적인 평가는 정당하지 않다는 의견도 일부 있다. 따라서 부분적으로 이에 대한 재평가가 이루어지고 있는데, 그 시발점이 된 것은 조지 커퍼드의 '소피스트 운동'이다

샐러리와 소금과의 상관 관계

고대 중국과 북아프리카, 지중해 연안 사람들은 *소금을 화폐로 사용했다. 특히 옛날 사막지대에서는 소금이 똑같은 양의 금과 교환되기도 하는 등 소금은 사람에게는 필수불가결한 것으로 여겨졌다.

고대 로마 시대에는 소금이 가장 중요한 경제수단으로, 로마, 베네치아 등이 주요 도시로 급격히 발전하는 데 큰 기여를 했다.

당시에는 병사와 시민들에게 하루 일당으로 소량의 소금을 주었다. 그 이유는 하루 힘들게 일해서 몸에 염분이 부족해진 데다 거친 밀가루 빵을 맛있게 먹으려면 소금이 필요하기 때문이었다.

로마가 영토를 확장하면서 자연스럽게 소위 '소금 봉급'도 널리 퍼지게 되었으며, 이 때 나눠주는 소금 또는 돈으로 지불하는 품삯을 샐라리움(salarium)이라고 했는데, 이것이 바로 봉급을 뜻하는 샐러리(salary)의 어원이다.

이밖에 샐러드(salad)나, 소금광산으로 유명한 오스트리아의 잘츠부르크(Salzburg)등의 단어에서도 라틴어에서 소금을 뜻하는 'sal', 혹은 '소금의'라는 뜻의 'salrius'라는 어원이 있음을 알 수 있다.

* 역사 속의 소금

역사를 보다보면 전환기마다 소금과 관련된 사건이 종종 등장하곤 한다. 중국에서 소금의 전매제는 한나라 때 시작되어 이후 청나라에 이르기까지 장장 2천년 동안이나 계속되어, 소금은 반란의 좋은 토양이 되어주었다. 9세기 소금 밀매상인 황소와 그의 지지자들이 의기투합하여 군사를 일으킨 '황소의 난'이 대표적인 예로서, 결과적으로 당나라가 멸망하는 계기가 되었다. 17세기 세계 경제사의 주역인 네덜란드 성공의 배경에도 소금이 배경에 자리하고 있다. 이밖에도 영국 식민지 정부의 소금세 인상에 대항하여 벌인 간디의 '소금행진 투쟁'이나, 프랑스 혁명이 발발하게 된 하나의 원인으로 과중한 소금세인 '가벨(gabelle)'이 손꼽히게 된 것 등이 그 예이다.

돈(Money)의 기원

지금 우리가 쓰고 있는 *돈(money)의 기원에 대해서는 많은 이야기가 전해지고 있다.

고대 로마에서는 고대 로마를 상징하는 카피톨리오 언덕에 큰 신전을 세우고 여신 중의 으뜸신인 유노(Juno)를 숭배하면서 신전에 조폐소를 차렸는데, 이 여신은 원래 여성과 혼인, 출산의 보호자를 상징함과 동시에 화폐를 관장하는 신이었다.

유노(Juno) 여신 주변에는 신성한 기러기 떼가 항상 둘러싸고 있었다. 이 기러기들은 갈리아 사람들이 몰래 성벽을 올라와 공격하려고 할 때마다 요란한 울음소리를 내어 그 위험성을 사전에 알려주었다. 덕분에 이때부터 그녀의 이름에는 경고라는 뜻의 라틴어 'monere'가 붙었다. 또한 유노(Juno)에게는 '모네타(moneta)'라는 별명을 붙여주었는데, 그녀의 신전에서 주화를 제조하면서 이후 로마의 화폐를 방어한다고 믿은 이 의미는 시간이 흐르면서 원래의 '조언자'에서 '주화'로 바뀌었다.

이후 '모네타(moneta)'는 중세 프랑스로 넘어가서는 'moneie'로, 그리고 현대 영어에서는 돈을 의미하는 'money'로 변천해왔다.

지금도 이탈리아에서는 화폐를 뜻하는 용어로 '모네타(moneta)'를 사용한다.

* 돈과 관련된 단어

돈을 뜻하는 한자어인 '전(錢)'을 살펴보면 '쇠 금(金)' 옆에 '창과(戈)'가 두 개나 있는 것을 알 수 있다. '돈'을 뜻하는 단어들이 돈의 위험성을 경고하고 있음은 주목할 만하다.

로마법은
오늘날 금융의 핵심 내용을 담고 있다

기원전 451년 호민관이 로마법의 기초를 이룬 *12 표법을 제정했는데, 이 법은 로마 최초의 성문법으로, '채무 때문에 병사를 노예로 전락시켜서는 안 된다'와 같은 내용이 포함되어 있다.

로마가 영토 확장 과정에서 일어나는 모든 일을 법률에 근거를 두고 통치하게 되면서, 로마법은 세계 금융체계를 완성하는데 있어서도 매우 중요한 역할을 했다.

당시 로마법이 없었다면 유럽의 경제 번영도, 은행도, 주식도 존재하지 않았을 것으로 역사가들은 평가하고 있다.

로마법은 경제분야에 있어서 매우 중요한 두 가지 개념을 만들어 냈는데, 바로 오늘날 금융의 핵심이라고 할 수 있는 '사유재산'과 '권리와 의무의 동등성'이 바로 그

것이다.

로마법이 지금까지 이어질 수 있었던 가장 큰 이유는, 로마법에서 비롯된 법률들이 법의 신성함을 유지하면서 비로소 독립성을 지니게 되었기 때문이다.

* 12 표법

12 표법의 원천은 옛 관습법이었지만 원시적인 불문법을 완전히 대체하지는 않았다. 일반적으로 이 법은 구전으로 내려오던 기존의 법과 관습을 명확하게 작성하려는 목적으로 만들어졌다. 이 법의 기본적 중요성은 원칙적으로 귀족과 평민간의 법적 공평성과, 조금이나마 법 앞에 모든 시민의 평등성을 수립하는 데에 있었다. 그러나 궁극적으로 이 법을 만든 직접적인 목적은 평민의 권리 신장 보다는 귀족계급이 자신들의 기득권을 수호하려는데 중점이 있는 것으로 평가되고 있다.

고대 로마인들은 전쟁으로 돈을 벌었다

로마 공화정도 *아테네와 마찬가지로 시민들을 소유재산에 따라 여러 계급으로 구분했다. 그 중에서도 재산이 많은 부유한 시민은 의무도 컸으며, 병역의 의무 또한 계급이 높은 시민들만이 누릴 수 있는 의무였다.

우리의 생각과는 달리, 그들이 그렇게 하는 것은 사회적 책임의식이 강해서가 아니라 전쟁이야말로 고대 로마 시민들이 재물을 모으는 주된 원천이었기 때문이었다. 다시 말하면, 로마인들은 전쟁터에 나가서 싸우지 않으면 많은 돈을 벌 기회가 없었기에 각자의 방법으로 자신의 무력을 키우는 방법에 몰두할 수밖에 없었다.

기다란 창을 주요 무기로 삼은 창병은 평민 농부 출신으로 구성되었는데, 이들은 집안 살림살이를 내다팔아 스스로 값비싼 창을 장만해야만 했다.

한편 귀족 출신의 병사들은 중장 보병으로서 묵직한

창과 자신의 신체를 보호할 수 있는 커다란 방패, 장검 등을 착용했다. 문제는 중장 보병의 무기들은 값이 너무 비싸 일반 평민들은 절대로 장만할 수 없었기에 돈이 없으면 그저 창병 노릇밖에 할 수 없었다는데 있었다.

한편 페르시아 전쟁에서 강대국 페르시아 대군을 무찌른 아테네 군대의 중추 역시 바로 중장 보병이었고, 당시 중장 보병은 아테네 민주주의의 가장 중심에 자리하고 있었다.

* 아테네의 명칭

아테네 명칭은 고대 그리스어로 '아테나이'로서 아테나 여신과 관련이 있다. 19세기 '아테나이'표기가 아테네 시의 공식 명칭으로 재지정되었다. 그러나 1970년대 들어서 '아티나'가 아테네의 공식 명칭이 되었다.

로마 공화정이 막을 내리게 된 이유는 부동산 투기

*로마 공화정은 '공화국'이라는 이름으로 약탈을 주요 생계수단으로 삼았다. 역사가들의 표현을 빌리자면 '로마인들의 삶은 전쟁 바로 그 자체'였다.

그러나 결국 전쟁을 통해서 약탈로 생계를 꾸려오던 로마인들에게 화수분처럼 끊임없이 쏟아져 나오는 귀금속, 전리품 등은 재앙이 되어 부메랑처럼 그들에게 되돌아왔다.

특히 로마인들은 재산을 기반으로 국력을 키우고 문화를 발전시키는 데에는 문외한이었기 때문에, 농사를 짓지 않는 사람이 부를 축적할 수 있는 최고의 재테크에는 지금과 마찬가지로 부동산 투자나 고리대금이 주류를 이루었다.

당시 과도한 부동산 열풍에 부동산 가격이 하늘로 치

숫자 더욱 많은 사람들이 군중 심리로 부동산 투자 대열에 너도나도 뛰어들었다.

로마 본토와 식민지 경제는 이를 계기로 점차 위축되기 시작하면서 돈이 많이 들어가는 군대를 양성하기가 힘들어졌고, 더 나아가 로마 시민의 생활조차도 점차 열악해지기 시작했다.

넘쳐나는 재물과 쾌락으로 흥청망청했던 로마 시민의 도덕성 타락을 로마 공화정 몰락의 가장 큰 원인으로 역사가들은 지적하지만, 결과적으로 부유한 귀족들의 돈이 오롯이 부동산 투자에만 몰리는 바람에 로마를 지탱해왔던 철기군의 전투력이 땅에 떨어진 원인이 더 크다는 의견도 대두되고 있다.

* 로마 공화정

기원전 510년경 왕정을 폐지한 이후, 약 450여 년간 로마 공화정은 권력의 견제와 균형에 중점을 둔 복합적인 정치 체제였다. 기원전 3세기 로마는 북아프리카, 이베리아 반도, 그리스, 갈리아 남부까지 정복한 이후 200여년 간 오리엔트 지역과 갈리아까지 지배하게 되는데, 이때 공화정은 제국주의로 전환하게 된다.

로마제국의 통일화폐와 그 운명

기원전 269년부터 로마는 귀금속으로 경화를 만들기 시작했는데, 그중 은화 데나리우스는 그리스의 드라크마를 본 따서 만들었다.

데나리우스는 헬라어 표기로 '데나리온'으로 불리며, 신약성경 마태복음서에서 1 데나리우스는 일용직 노동자의 하루 일당으로 묘사되고 있다.

데나리우스 은화의 한쪽 면에는 허큘리스(헤라클레스)의 초상이 새겨졌고, 다른 면에는 로마시를 창건했다는 쌍둥이 형제 로물루스와 레무스에게 젖을 먹이는 늑대의 모습이 새겨져 있다.

존엄자라는 의미를 가진 *아우구스투스(Augustus) 칭호를 얻은 옥타비아누스는 독재적인 황제 권력을 강화하기 위해 화폐를 주조하였다. 그는 금화와 은화를 주조하여 로마제국의 화폐를 통일함과 동시에 식민지에서는 동화만을 주조할 수 있도록 규정했다.

로마제국 초기에 주조한 금화의 순도가 높았고, 기타 여러 식민지에서 발행하는 동화도 함량을 일원화함으로써 마침내 로마제국에 통일화폐가 등장하게 되었다. 더 나아가 화폐를 통일한 이후 권력이 황제 한 사람에게 집중되면서 로마제국의 권위가 되살아났고, 또한 통일화폐를 통한 교역이 편리해지면서 로마의 상업이 점차 활기를 띠기 시작했다.

그러나 역사적으로 그리스의 드라크마, 로마의 데나리우스 모두 불행한 운명을 맞이하였다. 로마 멸망 후에는 금화가 사라지면서 경제는 파탄상태가 되었고, 사람들은 원시적인 물물교환 상태로 되돌아갔다.

* 존엄자 아우구스투스(Augustus)

본명은 '가이우스 옥타비우스 투리누스(Gaius Octavius Thurinus)'였으나, 카이사르의 양자로 입적된 후 '가이우스 율리우스 카이사르 옥타비아누스(Gaius Julius Caesar Octavianus)'로 불렸다. 카이사르(Julius Caesar)가 암살 된 후, 유언에 따라 카이사르의 양자가 되어 그 후계자가 되었으며, 제 2차 삼두정치 붕괴 후에는 옥타비아누스가 대외적으로 로마 공화정을 부활시키면서 사실상 모든 권력은 그의 손에 들어갔다. 그의 재위 기간 중에는 로마의 평화(Pax Romana)라고 불리는 태평성대를 구가하면서 지중해 세계는 오랜만에 200년 넘게 평화를 유지할 수 있었다. 서기 14년 그의 사망 직후, 원로원과 민회는 아우구스투스를 신으로 선포하였고 그는 로마인들의 끊임없는 숭배를 받았다. 이후 모든 로마 황제들이 그의 황제명인 아우구스투스와 카이사르를 이름으로 썼다. 또한 그를 기념하기 위해 기존의 여섯 번째 달(Sextilis)을 '아우구스투스(Augustus)'로 바꾸어 불렀는데, 현재 달력의 8월을 뜻하는 영어 단어 'August'가 여기에서 유래했다.

세뇨리지(Seigniorage)

고대의 화폐는 그 속에 함유된 귀금속의 가치가 액면가와 같다는 것을 전제로 유통되었다. 그러나 로마 시대에 인플레이션이 극에 달하고 바닥난 국가재정을 조금이라도 메울 목적으로 금화, 은화를 주조하면서 금은의 함량을 낮추는 수법으로 화폐주조 차익을 챙겼다.

이와같은 방법을 인플레이션 조세인 세뇨리지(Seigniorage)라고 하는데, 이는 특히 *군인황제시대에 절정에 달했다.

구체적으로 살펴보면, 로마제국은 현저히 줄어드는 귀금속을 늘리는 방편으로 데나리우스 은화의 은 함유량을 줄이고 구리를 섞음으로써 결국 데나리우스의 평가절하가 이루어졌다. 이와 같은 방법은 네로 황제 때 처음으로 시작된 것으로 전해진다.

따라서 화폐에 대한 불신이 점차 싹트게 되었고, 결과

적으로 화폐거래 대신에 원시적인 물물거래와 암시장이 성행하게 되었다.

306년, 콘스탄티누스 1세 황제는 순금으로 새 금화 솔리두스를 주조했는데, 솔리두스는 지금의 미국 달러와 같은 위세로 동로마제국 1천 년간 기축 통화의 역할을 했다. 이 역시 말기로 갈수록 금의 함량이 줄면서 '실패한 통화'로 평가되고 있다.

로마제국의 인플레이션, 물가폭탄 등으로 인한 경제침체는 결국 394년 로마제국이 동서로 분할되고, 5세기 게르만족의 잇단 침략 등으로 점철되면서 서로마가 멸망을 맞는 주요 원인으로 작용했다.

훗날 프랑스의 샤를르 7세뿐만 아니라, 영국의 헨리 8세와 에드워드 6세 역시 시뇨리지 자체를 당연하게 생각한 것처럼, 돈이 양화 또는 악화로 주조되는 것은 전적으로 당시 권력자인 왕의 재정 상태에 달려 있었다.

* 군인황제시대(軍人皇帝時代, 235~284년)

　군인황제시대는 로마제국 각지의 군대가 멋대로 황제를 폐립한 시대를 일컫는데, 거의 반세기 동안 약 20 여명의 로마군 장군들이 로마제국의 전역 또는 일부 지역에서 제위를 주장하였다. 이 기간 동안 로마제국은 내전, 외부 침략, 전염병, 경기 침체 등의 이유로 대내외적으로 극도로 혼란스러웠으나, 아우렐리아누스 황제 (270~275년)에 의해 재통합되었다. 이후 284년에 디오클레티아누스 황제가 즉위하여 일련의 강력한 개혁정책을 펼침으로써 군인황제시대는 마침내 종식되었다.

로마제국 멸망 후 유럽이
자급자족 경제로 쇠퇴하게 된 이유

로마제국 시대 갈리아 지방에서는 마르세유와 같은 주요 무역항을 통해 콘스탄티노플, 이탈리아, 이집트, 스페인 등지로부터 올리브유, 포도주, *향료, 고급 직물 등 동방의 생산품이 꾸준하게 수입되었다.

그러나 8세기 이슬람 세력이 부흥하면서 동방을 잇던 교역의 끈이 끊어져 수입 루트가 막히자, 가장 먼저 영향을 받은 생산품은 향료, 파피루스 등이었다.

아프리카 산 오일과 가자 지방의 특산이었던 와인 수입 역시 끊기면서 더 이상 이 지역의 특산품들을 로마로 수입할 수 없게 되었다.

로마는 이와 같이 교역의 끈이 끊기면서 동방과의 해상 무역이 급격히 쇠퇴하자, 상품이나 재화는 정상적인 상업 활동이 아닌 전쟁이나 약탈에 의한 전리품으로 충당되었다.

결국 이러한 상황은 중세에 접어들자마자 서유럽지역부터 촌락 중심의 소규모 경제로 전환되었고, 더 나아가 지금까지의 로마제국 시대의 개방적 교환 경제는 폐쇄적 가내 경제로 급격히 기울면서, 유럽은 한치 앞을 내다볼 수 없는 암흑의 길을 걷게 되었다.

* 향료무역

향료는 고대로부터 유래된 주요 거래품목이었다. 로마 지배 당시 알렉산드리아는 세계 최대의 무역 중심지로서, 주로 향료가 거래되는 시장이었다. 로마와 인도 간의 교역은 300여년 이상 크게 번성하다가 감소되었는데, 로마와 인도와의 직접 교역은 향료 무역에 있어서 아랍인의 주도권을 완전히 빼앗지는 못했다. 로마의 향료 무역이 5세기에 가장 활기를 띠다가 6세기에 쇠퇴한 데 반해, 아랍의 교역은 모든 중세 시기에 걸쳐 활발히 이루어졌다.

화폐에 토끼를 그린 국가

스페인은 과거 조용하고 목가적인 식민지였으며, 스페인어 '에스파냐'는 고대 로마 시대의 'Hispania'에서 유래되었다.

스페인 지중해 연안에 자리를 잡았던 페니키아 인들은 이 땅을 토끼의 해안 또는 토끼 섬을 의미하는 'i-sephan-im'이라고 불렀고, 실제로 기원 전후로 이곳에서 주조된 화폐에는 토끼 그림이 많이 발견되었다.

한편 카르타고 사람들의 관점에서는 스페인을 'ispanihad'라고 불렀는데, 이는 토끼의 땅, 또는 가장자리 즉, 지중해의 끝에 해당함을 가리킨다.

원래 히스파니아에서 태어난 하드리아누스의 통치기간에 발행된 동전에는 스페인 지도 위에 여성의 모습과 함께 발쪽 방향에 토끼가 새겨져 있다.

스페인 땅에는 *바스크 족도 살았고, 바스크어의 단어

'Ezpanna'에서 '에스파냐'가 유래했다는 설도 있는데, 실제로 이 뜻 역시 언덕 또는 가장자리를 의미하며, 유럽 대륙의 남서쪽 가장자리에 위치하고 있는 스페인의 위치와도 관련되어 있다.

* 바스크 족(Basque)

바스크족은 스페인 북부와 프랑스 남서부에 사는 소수 민족으로, 농사를 짓거나 배를 만드는 일뿐만 아니라 해상에서도 활발하게 활동했다. 이들은 신세계를 식민화하는 데 있어서 선도적인 역할을 했고, 강한 민족적 연대감을 형성하고 있다. 지금까지도 강경 노선을 따르는 투쟁적인 바스크 분리주의자들은 바스크 족의 자주권과 스페인으로부터의 분리를 촉구하는 운동을 펼치고 있다.

튤립 광풍 보다 모란 광풍

중국에서는 17세기 네덜란드의 튤립 광풍보다 이미 900년 이상이나 앞서서 모란 광풍이 불었다.

모란은 정원을 예쁘게 꾸미길 좋아했던 당나라 사람들이 최고로 쳤던 꽃으로서, 중국에서는 예로부터 모란을 꽃의 왕으로 여겼고, 부귀를 뜻하는 식물로서 '부귀화' 또는 당나라 때 낙양에 번성하였던 꽃이라 하여 일명 '낙양화'라고도 불렸는데, 그중에서도 특히 붉은색의 모란은 부의 상징으로 대변되었다.

당나라 시대에 개최된 모란 경연대회에서 1등을 수상한 모란은 네덜란드에 튤립 광풍이 불었을 때의 튤립처럼 집 한 채 값을 훌쩍 뛰어 넘었으며, 모란 광풍은 장안 전체를 들썩이게 했다.

중국 당나라 시대의 모란 투기 광풍의 실상에 대해 '그 폐해로 장안의 10만 가구가 파산했다'고 당대의 시인들이 노래한 것으로 전해지고 있다.

한편 당나라 중서사인 이정봉의 '밤이라 깊은 향기 옷에 물들고 아침이라 고운 얼굴 주기(酒氣) 올랐네'라는 모란시를 보면 모란에 향이 있음을 알 수 있으나, 삼국유사에는 *'향기 없는 모란꽃'으로 기록되어 있다.

* 향기 '있는' 모란꽃 이야기

삼국유사(三國遺事) 중 신라 선덕여왕의 지혜로움을 담은 설화인 신이담(神異譚)에 의하면, 신라 선덕여왕이 공주였을 때 중국 당나라 황제가 모란 그림 한 폭과 모란 씨 3되를 보내왔다. 그때 모든 사람들은 모란꽃에서 대단한 향기가 날 것이라고 이야기했으나, 선덕여왕은 "이 그림에 그려진 꽃은 비록 고우나 벌과 나비가 보이지 않으니 향기가 없을 것"이라고 말했다. 실제로 이듬해 모란 씨를 심어 꽃을 피워보니 꽃향기가 나지 않자, 모두 선덕여왕의 뛰어난 관찰력과 지혜로움에 감탄했다고 한다. 하지만 중국 화법에서는 꽃 그림에 나비와 같은 곤충류를 잘 그리지 않아 모란만을 그린 것으로 전해진다.

중국 송, 원나라 때
다량의 금과 은이 서아시아로 유출된 이유

몽골제국의 팽창과 맞물려 서아시아의 각종 특산품이 중국으로 대량으로 유입되기 시작했는데, 계속되는 상품의 유입에 비례해서 다량의 중국의 금과 은이 상품 대가로 서아시아로 유출되었다. 특히 송나라 진종부터 휘종 대에 걸쳐 금은의 시장 가격이 급변했다.

중국 은의 유출로 중국 내 금의 상대 가치도 따라서 변동했다. 서아시아 지역과의 교류로 인해 북송과 남송 대를 차례로 거치면서 금은의 가치는 빠르게 변동했다.

당시 중국 내 금은 가격은 서아시아 이슬람 세계의 은과 금 교환 비율과 유사한 수준이었으며, 대체로 국제 시장의 시장 가격에 거래가 되었다.

원 왕조는 몽골 지상주의를 중국 지배의 목표로 삼았으며, 인구가 적은 몽골인은 최상위에, 그 밑에 색목인

(色目人), 한인(漢人), 남인(南人) 순으로 사회 계층을 나누었다.

　원 왕조의 금융 활동은 몽골인에 버금가는 계급인 *색목인(色目人)에 속하는 이슬람계 위구르 상인들의 '알탈전(斡脫錢)'이라고 불리는 고리대금이 완전히 장악했는데, 한편으로는 원나라 정부가 지폐 발행을 남발하면서 은이 중국에서 서아시아로 흘러간 측면이 있다.

　* 색목인(色目人)

　색목인이란 중국 원 시대의 신분 제도 용어로서 위구르족, 탕구트족, 아랍인, 유럽인 등을 포함한다. 지배 계급인 몽골인-색목인과 피지배 계급인 한인-남인의 신분 계급에 따라 원나라에서는 몽골 지상주의 정책을 펼쳤다. 따라서 몽골인이 고위직을 독점한 반면, 색목인은 그 아래 계급에서 조세 징수 등의 관직에 오를 수 있게 하였다. 베네치아 상인인 마르코 폴로는 색목인 계급에 속했기 때문에, 당시 원나라에서 우대를 받은 점은 눈여겨 볼만하다.

고리대금의 시작

동서고금을 막론하고 고리대금은 사회의 발전 과정에서 공통적으로 나타난다.

325년 니케아 공회에서 성서의 시편 15장을 인용하여 성직자의 고리대금을 금지하는 교회법이 통과되었고, 로마의 부흥기였던 11세기에 고리대금은 '도적질을 하지 말라'고 한 십계명을 어긴 것과 같은 죄악으로 간주되었다.

그러나 역사적으로 볼 때 고리대금의 효시인 *모기지론(Mortgage loan)이 본격적으로 시작한 시점을 11세기로 보는 견해가 있다.

현금이 부족한 중세 유럽의 영주들은 자신들의 영지를 돈 많은 대 제후에게 담보로 맡기고 현금을 빌려 융통하곤 했다.

특히 수도원의 암묵적인 동의하에 주도적으로 이루어

진 대표적인 돈벌이 수단이 고리대금이었다. 이는 이윤을 극대화하기 위해 단기간의 원금상환은 금지되었고, 대신 현재와 같이 최소 15~20년씩 이자를 지불하는 시스템으로 굳어졌다.

한편 우리나라에서는 고려 시대부터 고리대금이 성행하였다고 전해진다. 당시 사람들이 고리대금을 융통한 것은 생계 유지 이외에 과중한 공과(公課)의 부담 때문이었다고 한다.

*모기지론(Mortgage loan)

주택담보 대출로 잘 알려진 모기지론(Mortgage loan)의 어원은 프랑스어로 죽음을 의미하는 'mort'와 담보를 뜻하는 'gage'의 합성어이다. 그러니까 이 단어는 죽을 때까지 돈의 노예로 살아갈 수 있음을 예고하는, 의미심장한 단어이다.

최초의 국제적 금융조직

 1119년, 경건한 기사 9명이 모여 소위 '템플기사단(성전기사단, The Templars)'를 결성했다. 이 기사단은 기독교 기사수도회 중 가장 유명한 조직으로서 가장 부유했으며, 권력이 급속히 성장하여 훗날 기독교 금융의 주요 기관이 되었다.

 동방 원정의 목표를 달성하기 위해 교황과 왕실은 이 기사단이 지속적으로 활동을 할 수 있도록 자금을 빌려주게 되었고, 기사단은 그 자금을 밑천으로 은행업의 초기 단계 형태로 발전했다.

 더 나아가 유럽과 중동 지역에 걸쳐 약 1천 여개에 달하는 지점을 보유한 글로벌 금융 조직으로 급성장한 기사단의 금융 업무는 자연스럽게 본래의 단순한 저축 업무에서 대외 송금, 신탁 관리 등으로 점차 확대되었다.

 대외적인 명망을 기반으로 13세기 후반에는 유럽에서

가장 막강한 조직으로 발전했으나, 십자군과 불가분의 관계였던 기사단은 십자군이 성지를 상실하자 기사단에 대한 교황과 왕실의 막대한 지원도 끊어져 버렸다.

1312년 결국 필리프 4세의 압박에 못 이긴 교황 클레멘트 5세가 기사단을 와해시키면서 공식적으로 조직이 해체되었다. 기사단은 해체되었지만, 수 세기 동안 기사단에 대한 각종 억측이 난무하면서 엄청난 수수께끼를 우리에게 남겼으며, 이는 역대 *소설가들이 즐겨 쓰는 소재가 되었다.

* 다빈치코드(The Da Vinci Code)

다빈치코드(The Da Vinci Code)는 미국의 소설가 댄 브라운(Daniel Brown)이 2003년에 쓴 미스터리 추리소설이다. 동 소설은 기호학자 로버트 랭던이 파리 루브르 박물관에서 벌어진 살인 사건을 조사하면서 전개되는데, 성배 전설과 마리아 막달레나의 역할에 대한 진실을 추리하는 내용으로서 대중에게 큰 반향을 일으켰다. 그러나 로마 가톨릭 교회가 부정적으로 묘사된 내용에 대해 기독교로부터 많은 비난을 받았고, 더 나아가 왜곡된 역사적, 과학적 사실에 대해서도 비판이 끊이지 않았다.

백년전쟁에서
영국과 프랑스의 운명을 가른
'머니 게임'

  백년전쟁은 1337년부터 1453년 사이에 잉글랜드 왕국의 플랜태저넷 가문과 프랑스 왕국의 발루아 가문 간에 프랑스 왕위 계승권을 놓고 발생한 분쟁들을 통틀어 일컫는다.

  중세 유럽에서 장장 116년에 걸쳐 지속된 이 전쟁을 통해, 두 나라 모두에게 중세 봉건 시대의 종언과 절대 왕정의 시작을 알리게 되었다.

  백년전쟁의 서막은 막강한 재정 지원을 등에 업은 영국의 승리로 귀결되었는데, 머니게임이었던 이 전쟁이 후반으로 접어들자 처음 양상과는 반대로 영국 왕실은 그 어떤 자금도 융통할 수 없었다.

  반면에 프랑스는 주변에서 지원받은 자금으로 마침내

프랑스의 자존심을 지킬 수 있었고, 이 전쟁의 마지막 정점에서 프랑스 왕실의 깃발 아래 일치단결한 프랑스는 *잔 다르크라는 영웅을 탄생시켰다.

결과적으로 백년전쟁을 유지했던 금융체계는 이 전쟁을 통해 비약적인 발전을 거듭하게 되었다.

* 잔 다르크(Jeanne d'Arc, 1412~1431년)

프랑스 북동부 지방 동레미에서 농부의 딸로 태어난 잔 다르크는 "프랑스를 구하라"라는 하느님의 계시를 받아 백년전쟁에 참전하여 프랑스군을 승리로 이끌었다. 그러나 나중에 부르고뉴 시민들에게 잡혀 현상금과 맞교환되어 잉글랜드 측에 넘어가게 되었는데, 잉글랜드는 잔 다르크를 반역과 이단의 혐의로 재판장에 세운후 말뚝에 묶어 화형에 처했다. 그로부터 25년 후, 종교재판소는 잔 다르크에 대한 재심 끝에 그녀에게 무죄라고 최종 판결을 내리면서 그녀를 순교자로 선언했다.

교회 직책에도 단가가 매겨져 있었다

15세기 교회는 신의 구원을 구실로 소위 면죄부를 팔면서 사람들을 현혹하여 이득을 챙겼다. 르네상스 시대 교황들 가운데 가장 논란의 중심축에 서있는 교황 중의 한사람이었던 알렉산더 6세(1492-1503년 재임)는 공개적으로 사람들에게 면죄부 판매를 독려했다.

교황청이 성 베드로 성당의 공사비를 충당하기 위해 교회의 직책 역시 면죄부처럼 돈을 받고 팔았다. 영국 대영 박물관에 전시되어있는 당시 만들어진 전단지에는 교회의 각종 직책과 그 옆에 단가가 적혀있다.

교황청 살림을 책임지는 재무관과 집사의 직책은 사람들이 많은 관심을 갖고 있어 그 경쟁이 치열했는데, 가장 비싼 단가인 약 1만 파운드에 거래되었다.

이밖에도 흔히들 마피아 세계에서나 연상할 수 있는 고리대금, 윤락업소를 공공연하게 운영하며 문란한 사생활을 했던 당시 교황과 주교들의 타락상은 이루 말로 열거할 수 없을 정도였다.

더 나아가 이 시대에는 유럽 전역에 매독이 창궐했는데, 교황과 그의 아들 추기경은 물론 교황의 정부들까지 매독에 걸렸다고 한다.

결과적으로 이들의 타락과 부패에 *마르틴 루터가 반기를 들고 일어나면서, 종교개혁의 서막을 알렸다.

* 마르틴 루터(Martin Luther, 1483~1546년)

교황청의 부패가 면죄부와 직책 판매 등으로 절정을 향해 치닫고 있었을 때, 루터는 비텐베르크 대학 교회 문 앞에 '95개조의 반박문'을 붙이며 교황청과 일전을 벌였다. 결국 그는 교황청에서 파문을 당하고 사형의 위기까지 몰렸으나, 독일의 왕자를 비롯한 지지자들 덕분에 구사일생으로 사면을 받게 되었다. 이후 루터는 은거 중에 라틴어 신약성서를 독일어로 번역했다. 루터는 교회의 부패에 대한 목소리가 한창 높아지던 시점에서 종교개혁의 첫 깃발을 든 인물로 평가되고 있다.

양말이 사치품이었던 시대

과거에 *양말은 사람이 일일이 손으로 짜야하는 수고가 많이 들어갔기에, 중세까지만 해도 사치품일 수밖에 없었다.

나폴레옹의 첫 황비인 조세핀은 자신의 이름을 자수로 직접 새긴 하얀 명주 양말을 백 켤레 이상 소장했고, 두 번째 황비인 마리 루이즈 역시 양말 수집을 즐겼다.

15세기 무명실로 짠 양말에 정교한 자수를 넣는 기술이 북유럽에 전해졌고, 16세기 들어서는 스페인과 이탈리아에서도 양말을 수입하기 시작했는데, 이들 국가에서는 양말이 사치품으로 지정되어 수차례 금지령까지 내려지기도 했다.

스타킹 역시 예전에는 고가의 사치품이었으며, 원래는 'Hose'라 하여 중세시대 남성들이 입는 딱 붙는 바지를 의미했다.

17세기 들어서야 여성들이 남성의 전유물인 스타킹을 신기 시작했고, 귀족 여성들이 이를 주로 애용했다.

한 때 프랑스에서 스타킹은 귀족들에게 성을 판매하는 표식으로 오인되어, 여성 문학가를 중심으로 스타킹 착용을 반대하는 운동이 펼쳐지기도 했다.

* 양말(洋襪) 이름의 유래

우리 고유의 버선을 한자어로 '말(襪)'이라고 했는데, 서양에서 버선과 비슷한 것이 우리나라에 유입되면서 버선을 뜻하는 '말(襪)'에 바다 '양(洋)'을 붙여 '양말(洋襪)'이라고 불렀다.

조선시대 세종의 동전 유통정책은
대체 얼마나 실패했길래

조선시대 세종은 태종에 이어 유통이 부진한 *저화(楮貨) 또는 저폐(楮幣)를 강제로 유통시키기 위해 물품 화폐 사용을 금지하고, 이를 위반하는 자들을 중죄로 다스리는 강력한 조치를 시행했지만 별 소득이 없었다.

실질 가치를 중요시하는 백성들의 생각과 저화 자체가 가진 사용상의 불편, 그리고 소액 거래에 전혀 도움을 줄 수 없는 명목 가치 등으로 저화의 가치는 지속적으로 하락했다.

저화가 화폐의 주요 기능인 교환 수단으로서의 지위를 상실하여 민심의 동요가 일어나고 민생이 불안해지자, 세종은 즉위 5년째인 1423년에 저화의 대체 수단으로 동전을 주조하기로 결정했다.

태종에 이어 세종 때에도 계속 이어진 화폐가치 하락

탓에 동전이 전혀 유통되지 않자, 세종 즉위 27년째인 1445년에 정부는 동전을 포기하고 저화를 다시 사용하는 정책을 실시하면서 세종의 동전 유통 정책은 결국 실패작으로 끝났다.

문제는 이 화폐제도의 실패가 훗날 인조 대까지 조선의 화폐 보급을 망설이게 하는 가장 큰 요인이 되었다는 점이다.

조선시대에는 상업 자체를 천시하는 풍조가 만연해서 백성들이 화폐를 사용하지 않으려고 했다는 점을 화폐제도 실패의 또 다른 원인으로 제시하는 의견도 있다.

* 저화(楮貨)

저화(楮貨)는 본래 닥나무 껍질로 만든 종이 돈이었다. 중국 남송 때의 회자, 원나라 세조 때 통용된 보초에서 비롯되어 명나라 때도 지폐가 제작되었다. 우리나라는 중국과 달리 민간에서 화폐가 거의 사용되지 않았다. 고려 시대 역시 몇 차례 화폐 발행 시도가 있었으나 모두 성공적이지 못했다. 조선 건국 이후 태종(太宗, 재위 1400~1418년) 대에 본격적으로 화폐 사용이 추진되어 저화가 발행되었다.

메디치 가문의 탄생 배경

 13세기부터 17세기까지 피렌체를 좌지우지했던 가문인 메디치(Medici)라는 이름은 약사(藥師)를 의미하는 '메디코'에서 유래했다. 약업(藥業)에서 금융업으로 발전했던 가문인 만큼, 메디치 가문은 독약 분야에 능통했다고 알려져 있다.

 메디치 가문은 레오 10세, 클레멘스 7세, 레오 11세 등 세 명의 교황과 *로렌초 같은 피렌체의 사실상의 통치자를 배출했고, 훗날 혼인을 통해 프랑스와 영국 왕실의 일원까지 올랐으며, 예술과 인문주의를 꽃피우는데 지대한 역할을 했다.

 15세기 중반 메디치 가문은 총 이윤 중 약 90%를 은행업으로부터 얻음으로써 이를 기반으로 피렌체에서 강력한 정치적 영향력을 획득했으며, 이후 그 영향력은 이탈리아 전역과 유럽에까지 점차 확대되었다.

메디치 가문이 이처럼 급부상하게 된 가장 큰 이유는, 피렌체를 대표하는 모직 생산이 급감하는 와중에 에드워드 3세가 피렌체 은행 가문인 바르디와 페루치에 대해 모라토리엄을 선언함으로써 결국 두 가문을 파산으로 몰았기에, 그 파산으로 인한 공백을 자연스럽게 메디치 가문이 메웠기 때문이었다.

더 나아가 당시 교황청은 메디치 가문에 만성적인 부채를 지고 있었던 상황이라, 메디치 가문은 이를 빌미로 교황청의 영적, 조직적 권력까지 장악함으로써 사업의 극대화를 꾀할 수 있었다.

* 로렌초 데 메디치(Lorenzo de' Medici, 1449~1492년)

메디치 가문의 두 번째 전성기를 이끌며 피렌체 시민들로부터 '위대한 자(Il Magnifico)'로 칭송되었던 인물이다. 그는 1469년부터 1492년까지 피렌체를 실질적으로 통치하면서 르네상스 최고의 전성기를 구가했다. 피렌체가 르네상스의 고향이 될 수 있었고, 더 나아가 미켈란젤로가 탄생할 수 있었던 것은 순전히 그의 덕택이라 해도 과언이 아니다. 피렌체의 수많은 거리와 건물에는 지금도 메디치 가문의 흔적이 남아 숨을 쉬고 있다.

향신료의 가격과 제국주의의 탄생

 기원전 3천년경부터 인도에서는 후추와 *정향 등의 향
신료가 사용되었는데, 음식의 맛을 낼 뿐만 아니라 높은
살균력으로 음식물의 부패를 방지할 수 있었다.
 고대 로마 시대부터 동양의 향신료가 단순한 기호품이
아니라 방부제 역할을 했기 때문에 인도를 통해 유럽에
수출된 기록이 있다.
 15세기부터 17세기까지 향신료는 유럽에서 필수품으
로 자리를 잡았는데, 16세기 포르투갈인과 스페인인,
17세기 네덜란드인과 영국인들이 아프리카를 돌아 멀
리 인도네시아까지 배를 타고 진출한 최대의 목적은 향
신료 때문이었다.
 16세기 초, 유럽과 동양의 중간시장인 인도에서 비싸
게 팔린 향신료는 유럽에서는 다시 10배 이상으로 팔려
나갔다.

당시 강대국들은 비싸게 은을 주고 향신료를 구입하는 방법보다는 대안으로 침략전쟁 등의 방법을 선호하게 되면서, 결과적으로 향신료의 가격은 유럽 국가들이 제국주의로 전환하는 빌미를 제공한 셈이 되었다.

* 정향(丁香)

인도네시아가 원산지로서, 말린 꽃봉오리가 마치 못과 닮았다고 해서 '정향'이라고 불렀다. 향기가 좋을 뿐만 아니라 부패방지력과 살균력이 굉장히 뛰어나다. 중세 아랍에서는 이것을 먹으면 불로장생하고 백발을 막는다고 생각했다. 고대 이집트에는 서기 176년에 도입되었고, 유럽에는 8세기경 도입되었다. 유럽 국가들 중 몰루카 제도를 강점한 포루투갈인들이 가장 먼저 정향 무역을 독점했다.

해적질을 국책사업으로 장려했던 국가

스페인 사람에게 공포의 대상이었던 해적왕이자 노예 상인이었던 프랜시스 드레이크에게 엘리자베스 여왕이 기사작위를 부여했다. 이것은 당시 영국에게 있어서 해적질은 영국 경제를 유지시켜주는 든든한 버팀목이며, 해적질이 영국에겐 일종의 국책사업이었음을 입증하고 있다.

1580년 9월, 그가 무사히 귀항해서 영국여왕인 엘리자베스 1세에게 항해 중에 약탈한 금은보화를 바쳤는데, 그 가치는 당시 잉글랜드의 국고 수입을 훌쩍 뛰어넘는 약 30만 파운드 이상이었다.

이후에도 그는 노략질한 금을 엘리자베스 1세에게 지속적으로 바친 덕택에 파산 위기에 몰렸던 영국 왕실의 재정은 풍족해졌고, 이로 인해서 드레이크를 영국을 재탄생시킨 실질적인 최고 공로자라고 평가하기도 한다.

특히 그의 약탈대상이 신교국가인 영국의 입장에서 볼 때 라이벌 국가이자 구교국가인 스페인이었다는 점이 엘리자베스 1세의 마음에 쏙 들었다.

1588년, 드레이크가 드디어 스페인의 *무적함대를 무찔렀다. 이를 기회로 드레이크는 일개 해적이 아니라 해군제독으로 출세했으며, 마젤란에 이어 두 번째로 세계 일주를 완성하는 위업을 달성했다.

영국은 이 해전을 계기로 세계 최강의 해양왕국으로 발돋움하게 되고, 반면에 최강국인 스페인은 점차 쇠락의 길을 걷게 되는 역사의 전환점을 맞게 되었다.

* 무적함대

1588년 메디나 시도니아 공작의 지휘 하에 영국을 상대로 출항했던 스페인 함대이다. 일반적으로 영국-스페인 전쟁에서 영국에게 대패한 것으로 알려져 있지만, 실제로 영국 함대와의 교전으로 잃은 배는 3척에 불과하고 나머지는 태풍과 같은 자연 재해로 인해 침몰했다고 한다.

돈 때문에
스페인 왕조와 운명을 같이했던 가문

 스페인 왕가의 배후에는 야코프 푸거(Fugger) 가문이 튼튼한 버팀목으로 존재함으로써, 이를 계기로 스페인은 왕실 독점에서 상인 독점으로 바뀌는 전환점을 맞이하게 되었다.

 광산업으로 막대한 부를 축적하게 된 푸거 가문은 왕실에 돈을 빌려주는 대가로 스페인 *합스부르크 왕가 소유의 대부분의 장원, 광산, 농업용지 등을 얻었다.

 문제는 민간에게 대출되어야 할 자금을 모두 왕실이 독점하여 대출을 받았고, 더 나아가 왕실이 무려 여섯 차례에 걸쳐 파산을 선고하는 바람에 세계 역사상 손꼽히는 최대 갑부였던 푸거 가문은 쇠퇴하기 시작했다.

 은행들 역시 하나둘씩 파산하기 시작하면서 푸거 가문은 결국 몰락했고, 결과적으로 이는 무적함대의 패배와 함께 스페인 무적함대 시대의 종말을 고하는 상징으로 기록되었다.

15~16세기 유럽의 상권을 독점하고 유럽의 정치에도 막강한 영향력을 행사한 푸거 가문에 대해서는 지금까지도 평가가 서로 엇갈리고 있다.

* 합스부르크 왕가

합스부르크라는 이름은 현재의 스위스에 해당하는 슈바벤 지방에 세워진 합스부르크 성에서 유래했다고 한다. 이 가문은 독일 남부지방을 거쳐 신성로마제국의 큰 세력으로 대두되었다. 유럽 왕실 가문들 중에서도 대단히 영향력이 있었던 가문으로서, 오스트리아 왕실을 약 600년 동안이나 지배한 것으로 유명하다.

16세기 최초의 인플레이션이
스페인에 끼친 영향

콜럼버스의 신대륙 발견 이후 서유럽에 대량의 금과 은이 유입되었다. 그중에서도 스페인은 아메리카 대륙의 원주민을 잔혹하게 살육하고 약탈하여 대량의 금과 은을 얻었다.

특히 남미대륙의 *포토시 은광에서 스페인으로 대량의 은이 유입되어, 유럽의 가격 시스템 자체가 흔들리면서 이베리아 반도는 소위 최초의 '가격혁명(Price Revolution)'을 겪게 되었다.

기록에 의하면, 스페인 왕은 이들 귀금속으로 그의 외채를 상환했고, 군비를 충당하면서 무적함대로 상징되는 강력한 군사력을 갖출 수 있었다.

대량의 금과 은의 유입으로 스페인의 통화가 팽창되었고, 설상가상으로 스페인과의 무역을 통해 서유럽의 화

폐도 급속도로 증가했는데, 오늘날 이것을 두고 가격혁
명이라고 부르고 있으나 실상은 통화팽창이었다.

당시 16세기 100년 동안에만 유럽의 물가는 약 4배
가까이 상승했는데, 로마제국이 멸망한 이래 약 1천년
만에 물가가 상승한 결과 스페인에서는 화폐의 가치가
떨어지는 상황이 지속적으로 반복되었다.

문제는 남미대륙의 포토시 은광의 생산량이 급감하자,
결국 스페인 본국에 남은 것은 전반적인 경제의 쇠락뿐
이라는 사실이었다.

* 포토시(Potosi)

포토시는 볼리비아 포토시 주의 주도이다. 1546년 광산촌으로
세워졌고, 스페인으로 유입되는 대부분의 은은 바로 이 광산에서
생산된 것이다. 1556년에서 1783년 사이 세로리코 산에서 채굴
한 순은의 양이 무려 4만 5천톤에 이르렀고, 이 중 약 6분의 1의
은이 스페인 왕실로 들어갔다고 기록되었다.

달러는 어느 국가에서 유래했나

우리의 예상과는 다르게 달러는 독일에서 유래했고, 통화 표시인 $는 에스파냐와 관련이 있으며, 18세기부터 본격적으로 미국의 공식 화폐가 되었다고 전해진다.

1518년 보헤미아의 요하임스탈이라는 고장에서 히에로니무스 슬리크 백작의 지시로 은화가 만들어졌고, 은화에는 마을의 이름을 본떠 '요하임스탈러(요하임스탈의 동전)'이라는 글자를 새겨 넣었다.

이후 현지인들은 이 단어를 줄여서 그냥 '탈러(Thaler)'라고 불렀고, 나중에 영어로 들어가 달러(dollar)가 되었다고 전해진다.

또 한 가지 설은, 여제 마리아 테레지아의 이름에서 비롯된 오스트리아의 '탈러(Thaler)'에서 유래했다는 것이다. 1780년 그녀가 죽은 이후에도 동아프리카의 교역 상인들 사이에서 가장 가치가 있는 은화로 유통되었으며, 오늘날 미국 돈의 단위인 달러(dollar)의 이름은 여기에서 유래되었다고 한다.

토머스 제퍼슨이 달러를 미국 공식화폐로 제안하기 전인 17세기 초, 미국으로 옮겨간 영국인들은 에스파냐의 8리얼 은화(Spanish pieces of eight)을 공식화폐로 사용했는데, 이는 영국에 대한 반감 때문이었다.

이 은화의 한 면에는 지브롤터 해협 어귀의 낭떠러지에 있는 바위인 *헤라클레스의 기둥이 그려져 있는데, 에스파냐가 이것을 동전에 새긴 이유는 더 큰 세상으로 나아가 신세계를 발견하려는 욕구 때문이었다.

달러를 나타내는 $ 표시 또한 에스파냐 화폐 위에 나오는 헤라클레스의 기둥에서 유래했으며, 달러 지폐는 코튼 75%와 실크 혼합 린넨 25%로 만들어졌다.

* 헤라클레스의 기둥

지브롤터 해협 어귀의 낭떠러지에 있는 바위로서 그리스 신화에 나오는 '헤라클레스의 12가지 시험' 중 하나와 연관되어있다. 이것은 스페인 문장에도 등장하며 카를 5세부터 유래되었다. 페니키아인들은 예로부터 강력한 해군력을 바탕으로 '헤라클레스의 기둥'을 활용하여 대서양 연안에 여러 도시를 세웠다.

복권을 시작한 나라

 원래 로또의 어원은 고대 프랑스어 'lot'으로, 할당 또는 보상 등의 의미로 쓰였다.

 1530년 이탈리아에서 하수도 정비사업을 위해 발행한 복권 이름을 '로또(lotto)'라고 했는데, 이는 이탈리아어로 행운이라는 뜻이었다.

 당시 이탈리아 *제노바 공화국에서는 매년 90명의 정치인들 중에서 5명을 추첨해서 지도자를 선출하는 관행이 있었고, 지금의 로또 복권의 추첨 방식은 여기에서 유래되었다.

 '피렌체 로또'는 당첨금을 현금으로 지급하는 최초의 번호 추첨식 복권으로, 이것이 현대 복권의 시초로 인정되면서 로또(lotto)라는 단어가 사용되었다.

 기록에 의하면, 복권을 최초로 만들어 판 사람은 로마의 초대 황제 아우구스투스였고, 복권 당첨금의 일부를 노예, 집, 배 등으로 배당한 후 나머지 돈은 로마의 복구 자금으로 활용되었는데, 이때부터 복권이 본격적으로 상업성을 띠기 시작했다.

한편 중세 이탈리아에서는 행운의 상점처럼 복권을 뽑는 장소를 'lotteria'라고 하였다.

* 제노바 공화국

1005년부터 1797년까지 이탈리아 북서쪽 해안의 리구리아에 있던 독립국으로서, 베네치아 공화국과 함께 이탈리아의 양대 교역 도시 국가로 번영했다. 한때 지중해 연안에 여러 해외 식민지를 만드는 등 전성기를 누렸으나, 오스만제국의 지중해 진출로 인해 쇠락의 길을 걷더니 1797년 나폴레옹에게 정복되어 멸망했다.

유럽 최초의 종이화폐는 바로 여기서

*네덜란드는 경제적으로 매우 궁핍했으며, 스페인이 식민지인 남미에 보유하고 있는 은광과 같은 자원도 전혀 없었고, 외부로부터 경제적 지원을 받을 길도 전혀 없었다.

이러한 난관을 타개하기 위해 네덜란드는 오로지 대외무역에 역량을 집중할 수밖에 없었다.

유럽 각지에서 모여든 상인들이 상품을 받고 바로 대금을 지불하는 대신 차용증을 쓰는 시스템이 네덜란드에 정착되었는데, 이 차용증은 네덜란드 정부의 재정담보가 되었기에 유럽 각국으로부터 신용도가 매우 높게 평가되었다.

시간이 흐르면서 화폐 대신 이 차용증이 유럽 국가들 사이에서 유통되면서 유럽 최초로 차용증 시장이 생겼으며, 차용증은 마침내 수표로까지 발전하게 되었다.

더 나아가 16세기 후반 네덜란드에는 수표를 기반으로 교역이 활발해지면서 지중해 지역의 은행들이 앞 다퉈 네덜란드로 옮겨 오게 되었다.

1609년에는 암스테르담 은행이 설립되어 이 은행에서 발행하는 은행권이 전 유럽에 유행하는 화폐가 되면서, 이렇게 유럽 최초의 종이화폐가 탄생하게 되었다.

1588~1710년에 걸쳐 네덜란드의 암스테르담은 상업 거래에 있어서 여러 지불 시스템이 최초로 정착하게 되면서, 세계 금융의 중심에 우뚝 서게 되었다.

* 네덜란드

네덜란드는 원래 빙하가 스치고 간 척박한 땅이라 역대 정복자들이 별로 관심을 가지지 않았다. 포르투갈 사람들이 네덜란드를 움푹 들어간 땅이라는 의미로 'Holland'라고 불렀는데, 네덜란드를 지칭하는 프랑스어 'Pays-Bas' 역시 낮은 땅이라는 뜻이다. 네덜란드는 수 세대에 걸쳐 간척을 계속해 지금은 국토의 약 절반이 간척지인데, 중세 때 해수면이 이상하게 높아졌던 것에서부터 그 출발점을 찾을 수 있다. 네덜란드 남서부에서는 17세기부터 간척이 이루어졌으나, 간척지는 해수면보다 낮기 때문에 배수가 제대로 되지 않아 간척지의 물을 배수하기 위해서 이 무렵부터 풍차가 사용되었다.

세계 최초의 증권거래소는 의외로

16세기 말 해양 강국 네덜란드가 유럽 항로를 장악한 후, 드디어 향신료 쟁탈전에 뛰어들면서 이를 보다 효율적으로 운영할 필요성이 대두되었다.

따라서 1602년에는 세계 최초의 주식회사이자 다국적 기업인 *네덜란드 동인도 회사를 설립하게 되었다.

네덜란드 동인도 회사는 인도나 동남아 지역까지 가는 원거리 항해에 따른 위험을 분산시키고자 투자자들로부터 투자 자금을 받은 후, 투자 증서를 투자자들에게 주었다.

이후 투자 증서가 폭발적으로 거래되면서 1609년 암스테르담에 세계에서 가장 오래된 증권거래소가 설립되었고, 이곳에서 각종 주식과 채권을 거래하게 되면서 자연스럽게 세계 제일의 금융 중심으로 우뚝 섰다.

이 증권거래소는 암스테르담 증권거래소(Amsterdam

Bourse)로 명칭이 바뀌면서 최초로 유가 증권 거래를 공식적으로 시작했다.

이러한 변천 과정을 통해 네덜란드는 경제사적으로 전무후무한 이정표를 세움과 동시에, 드디어 서유럽 금융의 역사를 새로 쓰기 시작했다.

* 네덜란드 동인도 회사

네덜란드 동인도 회사는 인도나 동남아시아 지역으로 경제적 진출을 목적으로 세운 다국적 기업으로서, 최초로 주식을 발행한 주식 회사이다. 이해 관계에 따라 당시 10여개의 동인도 회사들이 난립했으나, 무엇보다도 스페인에 조직적으로 대항하기 위해 1602년에 네덜란드 동인도 회사로 통합되었다. 하멜 표류기로 우리에게 널리 알려진 하멜은 바로 이 동인도 회사에 소속된 선원이었다.

네덜란드의 튤립 투기 광풍(Tulipomania)

튤립은 중앙아시아의 톈산 산맥에서 유래했는데, 16세기 중반 오스만제국에서 유럽으로 건너온 이후 1570년 네덜란드 화훼업자가 오스트리아 궁정에서 튤립 구근을 몰래 훔쳐 들여와 키우기 시작했다고 기록되어 있다.

17세기 유달리 네덜란드에서 매우 큰 인기를 끈 튤립은 초기에는 상류층의 전유물이었으며, 귀부인들의 이브닝 드레스에도 장식용으로 사용되었다.

튤립이 인기를 끌자 일반인들은 선술집에서도 튤립을 거래하기 시작했고, 1636년 네덜란드 정부는 더 많은 일반인들에게도 공평하게 투자 기회를 주기 위해 암스테르담 증권거래소와 로테르담 증권거래소에 튤립 구근을 각종 주식으로 분리해서 공식적으로 상장시키기에 이르렀다. 이 때 투기꾼들이 튤립 가격을 조작하고 그에 따른 시세차익을 노릴 목적으로 튤립 시장에 진입하여 튤립 가격을 갑자기 폭등시키자, 네덜란드에서는 직업 귀천에 관계 없이 너도나도 앞 다퉈 튤립 투기에 나서면서 전국적으로 튤립 광풍이 일게 되었다.

당시 사람들은 튤립을 *다양한 이름으로 '장군', '제독', '총독' 등으로 불렀는데, 이 때 최상품 튤립 구근인 '셈페르 아우구스투스(Semper Augustus)' 하나만 가지면 암스테르담 운하 근처의 호화 저택 한 채를 살 수 있을 정도였다고 한다. 친구 집에 놀러왔다가 튤립이 양파인줄 알고 무심코 먹은 후, 피소 당해 집 한 채 값을 날린 유명한 일화는 지금까지도 많은 사람들에게 회자되고 있다.

그러나 1637년 2월 튤립 구근의 구매자가 전혀 없는 상태에서 튤립 거래 가격이 갑자기 하락하더니, 그로부터 1주일이라는 짧은 기간 사이에 튤립이 양파 가격 수준까지 폭락하자, 순식간에 네덜란드 각 도시는 혼란의 구렁텅이에 빠지게 되었다. 그로부터 2달 후 결국 네덜란드 정부가 튤립 계약의 일괄 종결을 선포하면서 그동안의 튤립 계약서는 무효가 되었고, 이로써 튤립 거품이 갑자기 사라지면서 많은 사람들의 삶과 경제는 파탄이 나고 말았다.

17세기 향신료 독점으로 번영을 누렸던 해양 강국 네덜란드는 튤립 투기라는 초유의 거품을 겪게 되었다. 튤립의 꽃말은 문학적으로는 '헛된 사랑'이지만 금융사에서는 투기와 경제적 큰 위기를 상징하는 교훈을 우리 모두에게 던져주었다.

 * 다양한 이름의 고급 품종 튤립

 아름다운 튤립 뿌리는 처음부터 고가로 거래되었고, 원예 애호가들은 다양한 품종의 튤립을 재배하면서 이에 대해 각각 이름을 붙였는데, 리프킨 제독(Admiral Liefken), 피세로이(부왕, Viceroy), 제네라리시모(장군, Generalissimo)등이 대표적인 고급 품종이다.

런던 증권거래소의 모태

17세기부터 18세기에 걸쳐 런던의 *커피하우스에는 정치인, 지식인, 작가, 예술인, 종교인뿐만 아니라 무역업자, 상인, 금융가, 선원 등 각 계층의 사람들이 모여들었다.

영국 정부가 주식 중개인의 수를 제한하자, 1773년 몇몇 주식 중개인들이 커피하우스에 모여 비공식적으로 장외 거래소를 열어 주식 거래를 했는데, 이곳이 훗날 런던 증권거래소의 모태가 되었다.

당시 주식 거래의 결제를 기한 내에 이행하지 못한 주식 중개인들은 커피하우스의 출입이 엄격히 금지되었다고 한다.

1801년 몇몇 회원들이 기금을 모아 건물을 세우고, 그 이듬해에는 거래 규칙을 만드는 과정을 거쳐 런던 증권거래소(LSE: London Stock Exchange)가 마침내 탄생하게 되었다.

1973년 3월 런던 증권거래소는 영국 내에 흩어져 있는 지역 증권거래소들을 합병함으로써 단일 규모의 국제적인 증권 거래소로 발돋움하게 되었다.

런던 증권거래소는 회원들의 협의체에서 관리 감독을 받으며, 세계 금융 시장의 주요 기관 중으로 자리매김을 하고 있다.

* 커피 하우스(Coffee House)

1650년 경 영국 최초의 커피 하우스가 옥스퍼드(Oxford)에 생겼는데, 커피 한잔에 1페니를 받아서 대학생들 사이에서는 '페니 유니버시티(penny university)'라고 불렸다. 그로부터 2년 후 제대로 격식을 갖춘 커피 하우스인 '엔젤(Angel)'이 문을 연 것을 기점으로, 당시 런던에는 약 100 여개의 커피 하우스가 성황을 이뤘다. 1680년대에 에드워드 로이드가 런던에 '로이즈 커피하우스'를 열었는데, 이곳에서 주로 해운업자, 선주, 선장, 무역업자, 보험업자들이 모여 서로 해상 관련 정보 등을 주고받다가 자연스럽게 해상 무역과 보험의 중개소 역할까지 하게 되었다. 그러나 커피 하우스는 영국 식민지로부터 수입된 막대한 양의 홍차와 더불어 영국 정부의 적극적인 홍차 장려 정책에 입지를 잃고 말았다.

세계 최초로 국채를 발행한 국가

영국은 시기적으로 다른 경쟁 국가들보다 조세와 은행 제도를 한 발 앞서 정비했는데, 그 대표적인 예로서 '국왕이 임의로 조세를 결정하여서는 안 된다'라는 *마그나 카르타(Magna Carta)를 이미 1215년에 만들었다.

1500년대 영국은 야만적인 해적질 같은 약탈 행위로 돈을 벌어들이면서도, 한편으로는 꾸준하게 국가 경제 시스템에 손을 대어 1693년에는 '국채에 관한 법률'을 제정했다.

1694년 영국은 이를 근거로 중앙은행인 잉글랜드 은행을 통해 프랑스와의 전쟁에 필요한 군비 자금을 모으기 위해, 최초로 국가가 공식적으로 발행한 국채인 정식 금융채를 발행했다.

당시 영국 정부는 다른 경쟁 국가들과 비교해 저렴한 약 3% 정도의 이자를 지불하면서 전쟁 비용을 안정적으로 조달할 수 있었고, 이는 결과적으로 영국의 군사력 강화로 이어지게 되었다.

오늘날 전 세계 수많은 국가들의 중앙 은행은 영국의 잉글랜드 은행을 롤 모델로 하고 있다.

한편 역사적으로 만기가 무한대인 국채 가운데 영국의 국채인 콘솔(consol)보다 프랑스의 국채가 더 일찍 등장했다는 견해도 있다.

* 마그나카르타(Magna Carta)

마그나카르타는 1215년 영국 귀족들이 국왕 존(John)의 잘못된 정치에 반발하여, 왕의 권한을 제한하고 국민의 자유와 권리를 보장하기 위해 왕에게 강요하여 서명을 받은 63개 조항의 법률 문서이다. 원래 마그나 카르타는 프랑스에서 잃은 땅을 찾기 위한 전쟁 자금 조달을 목적으로 세금을 올린 왕에 대항해, 귀족들이 자신의 권리를 확인 받기 위해 작성한 일종의 평화 협정 문서였다. 17세기에 이르러 이는 국왕의 전제 정치로부터 국민의 권리와 자유를 지키기 위한 근거로서, 권리청원(權利請願), 권리 장전(權利章典)과 함께 영국 입헌제의 기초가 되었다.

동전 가장자리에
톱니모양의 장식이 생기게 된 이유

　1700년대 영국은 로마처럼 금화와 은화가 동시에 유통되었는데, 사람들은 은에 비해 금에 상대적으로 높은 가치를 부여했으므로 자연스럽게 금이 은보다 우위에 서서 화폐 제도를 지배하게 되었다.

　그러나 오래 사용된 금화일수록 여기저기 깎이고 구멍이 뚫어지는 등 훼손이 심하였기에, 사람들은 새 금화 사용을 기피하게 되었다.

　'악화가 양화를 구축한다'는 *그레샴의 법칙은 시대를 막론하고 세계 어느 곳에서나 통용되었다.

　우리에게 너무나도 잘 알려진, 만유인력의 법칙을 발견한 아이작 뉴톤이 당시 조폐 국장에 임명되었는데, 그는 둥그런 가장자리에 톱니 모양의 장식을 한 금화를 만드는 새로운 아이디어를 내놓아 이 안이 채택되었다.

따라서 톱니 모양의 장식을 한 금화가 유통되면서부터는 사람들은 금화를 받았을 때 이 톱니 모양의 장식이 훼손된 흠집이 나있는 돈은 받지 않게 되었다.

현재 우리가 사용하고 있는 동전에도 이와 같은 톱니 모양의 장식이 여전히 관행처럼 새겨져 유통되고 있다.

* 그레샴의 법칙(Gresham's law)

그레샴이 1558년 영국 엘리자베스 여왕에게 보낸 편지에 표현되어있는 내용으로서, 화폐 소재 가치가 서로 다른 화폐가 동일한 명목가치를 가진 화폐로 통용되면, 소재가치가 높은 화폐는 유통 시장에서 사라지고 반면에 소재가치가 낮은 화폐만이 남아 유통되는 현상을 말한다. 그레샴은 이를 '악화가 양화를 구축(驅逐)한다'라고 정의했는데, 이는 비단 화폐 유통 시장뿐만 아니라 흔히 여러 경제 현상에서도 관찰되고 있다.

최초의 거품경제와 그 붕괴

  17세기 후반 영국 정부는 *스페인과의 왕위 계승 전쟁으로 인해 국채가 급속하게 늘자, 1711년 재정 부담을 덜기 위해 국채 발행을 통합해 정부와 민간이 함께 주식회사인 남해회사(South Sea Company)를 설립하게 되었다.

  이 회사가 국채를 매입하는 조건으로 영국 정부가 브라질을 제외한 남미 지역의 무역 독점권을 이 회사에 부여했는데, 당시 남미 대륙은 스페인이 실질적으로 지배하고 있었기 때문에 영국 정부가 무역 독점권을 이 회사에 주어봤자 아무런 소용도 없는 애초부터 사기성이 짙었던 사업이었다.

  주식 투기 붐은 바로 이 회사가 벌인 사기극이 정점에 달했을 때였다. 1720년 1월 영국은 투기 광풍에 휩싸이면서 128파운드 하던 이 회사 주식이 단 6개월 만에 8

배 이상인 1,050파운드로 올랐다. 이렇게 회사 주가가 천정부지로 치솟고 있었으나, 정작 회사 고유의 업무인 무역 분야에서의 수익은 잠재력만 있었을 뿐 실제 이익은 내지 못하고 있는 상태였다.

이런 상황에서 갑자기 주식 시장이 붕괴되면서 8월 17일에는 900파운드였던 이 회사 주가가, 약 한달 만인 9월 29일에는 120파운드까지 떨어졌다. 영국 정부는 이에 대한 고육책으로 1720년 6월 '거품 방지법(Bubble Act)'를 제정하여 민간회사가 주식회사 형태로 설립하는 것을 금지했으나, 이미 그때는 수많은 투자자들이 파산하면서 영국 주식 시장은 대혼란에 빠진 상태였다.

1720년의 영국 주식 시장 붕괴로 인한 공황은 전 유럽에 영향을 미칠 만큼 심각했기 때문에, 이후 영국은 거품 방지법이 폐지되는 1825년까지 약 100년 이상 주식회사를 인정하지 않았다.

더 나아가 19세기 말까지도 영국 정부가 특정한 경우를 제외하고는 거품 방지법에 근거해서 대체로 주식회사 설립을 금지한 것을 보면, 그 후유증이 얼마나 심각했는가 짐작해 볼 수 있는 대목이다.

* 스페인 왕위 계승 전쟁(1701~1714년)

합스부르크 왕가 출신의 스페인 왕 카를로스 2세가 대를 이을 자식도 없이 사망하자, 프랑스 왕 루이 14세가 자신의 손자를 스페인 왕으로 내세웠다. 루이 14세가 이렇게 한 이유는 무엇보다도 스페인의 아메리카 식민지에 대한 야욕이 마음 속에 깔려있었기 때문이었다. 이에 영국과 네덜란드는 합스부르크 왕가와 연대하여 루이 14세의 의도와는 배치되는 새로운 스페인 왕을 세우고자 했다. 따라서 양대 진영은 전쟁에 휘말리게 되었고, 1714년 종전이 되었을 때 결과적으로 프랑스는 아메리카 식민지의 상당 부분을 빼앗기고 더 나아가 유럽 내에서의 위상도 흔들리게 되었다.

18세기 프랑스에서
은행시스템이 구축되지 않은 이유

　1716년 프랑스 국왕은 최초의 민간은행인 로앤컴퍼니의 책임자로 *존 로(John Law)를 지명했는데, 그가 추천된 이유는 "종이화폐로 정부가 막대한 부를 창조할 수 있다"라고 제안했기 때문이었다.

　국왕은 존 로의 제안을 받아들여, 국가적 차원에서 처음으로 종이화폐 사용을 시도하다 보니 실제 보유한 금보다 더 많은 종이 어음을 발행한 것이 문제가 되었고, 결국 이것은 거품으로 부메랑처럼 되돌아왔다. 그는 네덜란드 암스테르담에서 시작된 주식시장이 동인도회사를 롤 모델로 큰 성공을 거두는 것을 보고는 1717년 루이 14세의 섭정인 오를레앙 공작에게 접근해 미시시피 계획을 제안하기에 이르렀다. 그가 은행권 발행의 근거로 생각한 지역은 현재 미국 중부의 아칸소 지역에 해당하는데, 1717년 8월에 서인도회사(Compagnie d'Occident) 또는 미시시피 회사(Mississippi Company)라고 부르는 프랑스의 아메리카 식민지 회사를 세워 왕실을 대신해 이 지역을 개발하는 것을 목표로 했다. 문제는 이 회사에 투기꾼들이 몰리면서 기업 공개 당시 500리브르에 불과했던 주가가 폭등하면서 1720년 1월 마침내 1만 리브르를 돌파하는 등 프랑스 전체가 주식투자 광풍에 휩싸이게 되었다는 점이다.

그러나 "존 로가 말한 미시시피의 황금 신화는 순전히 거짓말"이라는 소문이 퍼지면서 이 회사의 주가는 폭락하기 시작했고, 결과적으로 프랑스에 엄청난 경제적 혼란을 야기했다.

1721년 10월 오를레앙 공작은 어쩔 수 없이 지폐의 유통을 폐지하고, 이 회사에 부여한 특권을 모두 박탈하면서 대량 인출 사태는 이미 피할 수 없는 지경에 이르게 되었다. 결국 프랑스 경제의 중심축이었던 방크로얄(왕실 은행)은 파산하고 말았다.

'미시시피 거품(Mississippi Bubble)'은 프랑스 경제를 크나큰 위기에 빠뜨렸다. 결국 지폐 가치는 바닥으로 떨어져 국가 재정이 거의 파탄이 났고, 프랑스는 다시

금속화폐의 시대로 되돌아갔다.

결과적으로 국민들은 지폐와 주식시장, 은행에 대한 깊은 불신을 갖게 되어 이후 80년 동안 프랑스에서는 은행시스템이 구축되지 않은 채 줄곧 주화만 유통되었고, 프랑스는 이로 인해 은행업과 주식시장 발전에 있어서 유럽 경쟁 국가들에 비해 현저히 뒤쳐지는 결과를 낳았다.

* 존 로(John Law, 1671. 4. 21 ~ 1729. 3. 21)

스코틀랜드의 경제학자로서 세계사, 경제사, 금융사, 프랑스사에 커다란 족적을 남겼다. 프랑스 재무총감, 프랑스 은행의 창립자, 도박왕, 살인범, 탈옥범, 사기꾼'이라는 파란만장한 수식어가 더덕더덕 붙은 인물이었다. '미시시피 거품(Mississippi Bubble)'사건과 뒤이은 프랑스의 경제 대붕괴의 주범으로 존 로는 결국 온갖 비난과 악평에 시달리다가 다른 나라로 쫓겨났다. 그러나 그에 대한 평가가 우호적으로 바뀌면서 현재 그는 아담 스미스 이전의 경제학자들 중 가장 중요한 인물 중 하나로 손꼽힌다는 견해도 대두되고 있다.

암스테르담 금융업과
네덜란드의 몰락을 가져온 전쟁

17세기 암스테르담의 금융업은 스페인과 같은 운영 시스템을 본받아 주로 유럽 왕실을 대상으로 대출을 전문으로 하게 되었다.

1756~1763년 동안 유럽에서 *7년 전쟁이 발발하자 네덜란드는 심각한 위기에 빠지게 되었는데, 전쟁기간 동안 오스트리아-프랑스-스웨덴-러시아 등의 동맹이 프로이센-영국 등의 동맹과 맞서게 되면서 이 전쟁은 유럽 대부분의 왕실뿐만 아니라 크게는 지중해, 북미, 인도 등에까지 세계적으로 상당한 영향을 끼쳤기 때문이었다.

7년 전쟁 기간 동안 네덜란드의 국내 금융업자들이 각국 왕실에 빌려준 돈은 당시 네덜란드 국내에 실제 보유한 금과 은의 약 15배에 달할 정도로 어마어마했다.

문제는 1763년에 7년 전쟁이 끝날 때까지도 암스테르담 은행은 유럽 왕실에 대출해 준 자금에 대한 이자를 전혀 받지 못했고, 더 나아가 암스테르담에 있는 여러 은행에서는 대규모 인출 사태까지 발생했다는 점이다.

결국 암스테르담의 약 40여개 은행이 파산하면서 암스테르담의 금융업은 급격히 쇠락했고, 네덜란드는 세계 패권을 다투는 각축장에서 그만 밀려나고 말았다.

한편 영국은 7년 전쟁을 통해 캐나다와 인도와 같은 해외 식민지에서 절대적인 우위를 점하게 되었고, 유럽에서는 러시아가 새로운 강자로 등장했으며, 그리고 독일은 자신의 국력을 만방에 알렸다.

* 7년 전쟁(1756~1763년)

오스트리아 합스부르크가가 오스트리아 왕위 계승 전쟁에서 프로이센에게 패배하여 독일 동부의 비옥한 땅인 슐레지엔을 빼앗겼는데, 이곳을 되찾기 위해 오스트리아 합스부르크가가 프로이센과 벌인 전쟁을 말한다. 이 7년간의 전쟁은 단순히 유럽 양대 진영에서 끝나지 않고 지중해뿐만 아니라 그들의 식민지인 북미와 인도까지 영향을 준 세계 대전 양상의 전쟁이었다. 이 전쟁의 결말은 19세기 대영제국의 기초를 닦는 시발점이 되었을 뿐만 아니라, 미국 독립 혁명, 프랑스 혁명에 영향을 주었다.

아시냐(Assignat)

1789년의 프랑스 대혁명은 시간이 지날수록 혁명의 본질이 변해갔다. 이 와중에 혁명가에게도 피할 수 없는 현실적인 문제가 있었으니 그것은 바로 돈 문제였다.

파리의 *혁명 정부는 중앙 정부로서 실질적인 세금 징수 역할을 할 수 없었는데, 그 이유는 당시 지방에서는 혁명 정부가 아닌 국왕에게 예전과 다름없이 세금을 직접 납부했기 때문이었다.

따라서 혁명가들은 재정 충당을 위해 존 로(John Law)의 이론을 근간으로 아시냐(Assignat)라는 토지 채권을 구상하게 되었고, 이에 혁명 정부는 교회의 토지를 몰수하여 이를 담보로 아시냐를 발행하기 시작했다.

이것은 오늘날 파생 금융에서 모기지 채권을 기초자산으로 CDO(부채담보부증권)을 발행하는 것과 같은데, 문제는 존 로가 주식을 발행한 만큼 화폐로 충당한 행위와는 달리 혁명 정부는 이에 대한 어떠한 담보조차 없이 아시냐를 초과 발행했다는 점이다.

아시냐는 원래 채권이었는데 하루아침에 화폐로 바뀌었고, 더 나아가 혁명정부의 통화팽창으로 인한 극심한 인플레이션에 휘말려 경제가 끝없는 혼란에 빠지는 등 프랑스는 내우외환의 위기에 봉착하게 되었다.

아시냐가 원래 취지의 기능을 회복하지 못하고 신용을 잃어버리자 결국에는 유통이 금지되었고, 프랑스는 이후 공식적인 통화만 발행하게 되었다.

* 혁명 정부의 가톨릭 박해

1789년 프랑스 혁명이 일어나면서 혁명 정부의 공포정치가 시행되었다. 이때 가톨릭에 대한 대대적인 박해가 있었는데, 이것은 1801년 나폴레옹과 비오 7세의 협약으로 종결될 때까지 지속되었다. 이 시기에 시행되었던 정책 중 눈에 띄는 경제 정책은 바로 '교회의 토지를 압수하여 혁명 정부의 아시냐 채권을 유통하는 기반으로 삼는다'라는 항목이었다.

로스차일드는
어떻게 세계 금융을 좌우했나

독일-유대계 혈통의 세계적인 금융 가문인 로스차일드 (Rothschild)는 붉은 방패라는 뜻을 가지고 있다. 독일에서는 '로트 실트', 프랑스에서는 '로 쉴드'로 불린다.

로스차일드 가문의 문장에는 라틴어로 협력, 성실, 근면이란 글귀와 함께 화살 5개를 손에 쥔 그림이 그려져 있는데, 5개의 화살은 로스차일드 1세 남작인 네이슨 메이어의 아들 5형제를 뜻한다고 한다.

이들은 특유의 성실함과 신용으로 돈을 벌며 가문을 일으킴으로써, 1800년에는 프랑크푸르트에서 제일가는 부자가 되었다.

*다섯 아들인 암셀, 살로몬, 네이션, 카를 그리고 자크는 유럽 5개 주요 도시에 로스차일드 은행을 세웠다. 이로써 최초의 다국적 국제 금융 그룹이 탄생하였다.

당시에는 왕실, 정치가, 투자가들이 모두 함께 신뢰할 수 있는 국제적 단체나 기관이 필요했으며, 이는 시대적 요구였다. 또한 그 결과물로서 로스차일드 가문이 존재할 수 있었다.

그러나 유대 자본이라는 배경과 항상 베일에 싸여있는 비밀주의, 더 나아가 과거 정치적 영향력 행사 등으로 인해 로스차일드 가문에 관한 추측과 음모론은 지금도 현재 진행형이다.

* 로스차일드 5형제와 유럽 5개 주요 거점

1) 암셀 마이어 폰 로트실트(1773~1855) – 프랑크푸르트
2) 살로몬 마이어 폰 로트실트(1774~1855) – 빈
3) 네이션 메이어 로스차일드(1777~1836) – 런던
4) 카를 마이어 폰 로트실트(1788~1855) – 나폴리
5) 자크 마이어 드 로쉴드(1792~1868) – 파리

뉴욕 증권거래소의 설립 배경

남해회사(South Sea Company) 거품이나 미시시피의 거품(Mississippi Bubble)때와 마찬가지로 미국에서도 주식 광풍이 불어, 직업이나 신분 계급의 귀천에 상관없이 모든 사람들이 앞 다퉈 주식을 사들이기 시작했다.

그 결과 1791년 8월 미합중국 제 1은행의 주식은 상장한 지 약 한달 만에 발행가인 미화 25달러에서 325달러로 무려 13배나 폭등했다.

당시 주식시장에는 각종 유언비어가 난무하고 있었고, 일부 중개인들은 이 분위기에 편승하여 고정적인 장소에서 증권거래를 시작했다.

1792년 3월 21일, 24명의 중개인들이 월스트리트 68번지 플라타너스 나무 밑에 모여 주식과 채권을 서로 거래했고, 1794년에는 주식의 거래 방법과 수수료 비율

등을 포함한 버튼우드 협약(Buttonwood Agreement)을 공식적으로 체결했는데, 이것이 훗날 뉴욕 증권거래소의 기원이 되었다.

이 모임은 1817년 뉴욕 증권거래위원회라는 이름으로 공식 발족되었고, 1863년에는 지금의 뉴욕 증권거래소(NYSE: New York Stock Exchange)로 새로이 간판을 바꾸어 달았는데, 뉴욕이 'Big Apple'이라는 별명을 가졌듯이 뉴욕 증권거래소는 'Big Board'라는 별명을 가지게 되었다.

4년에 걸친 *미국 남북전쟁이 끝난 1865년, 거래소의 주식 거래량은 런던 거래소 거래량의 약 10배에 달할 정도로 규모가 커지면서 미국 산업화의 동맥 역할을 담당하게 되었다.

전 세계를 쥐락펴락하는 금융 공룡인 미국 월스트리트의 뉴욕 증권거래소는 1929년의 대공황이 발생한 후부터는 연방정부의 조사와 증권거래위원회의 관리 감독 규제를 받게 되었다.

* 미국 남북전쟁(1861~1865년)

1861년 4월 노예제도를 지지하는 남부 연합이 미합중국으로부터의 분리 독립을 선언하면서 시작된 4년간의 전쟁이다. 전쟁 결과 남부 연합군이 패했고, 미국에는 노예제도가 폐지되는 역사적인 전환점을 맞게 되었다. 한편 아직까지도 이 전쟁을 유발한 직접적인 원인, '남북 전쟁'이라는 명칭의 타당성, 그리고 '링컨과 노예제도'에 대해서 토론이 끊이지 않고 있다.

영국 파운드화가 기축통화가 되었던 배경

1816년 최강국 영국이 금본위제를 채택한 이후, 1821년에는 전세계를 대상으로 파운드와 금의 자유로운 교환을 보증함으로써 전세계 각국이 영국을 따라 금본위제를 선택했다.

이를 계기로 사실상 국제 지불수단으로써의 영국 파운드화가 국제무역에서 기축통화의 입지를 확고히 했다.

1870년대 영국의 지원을 필요로 하는 수많은 나라들과 이들과의 교역 상대국들은 각각 서둘러 금본위제를 실시하거나, 무역에서의 불이익을 줄이려고 금본위제를 택할 수밖에 없었다.

19세기부터 20세기 초에 걸쳐 영국은 세계 무역의 약 20% 정도를 점유하는 세계 1위의 경제대국이었으며 또한 전세계 금의 상당량을 보유하고 있었기 때문에, 영국 파운드화는 기축통화의 가치를 인정받을 수 있었다.

영국 내에서는 '퀴드(quid)'라는 애칭으로도 널리 불리는 파운드 스털링(Pound sterling, ISO 코드: GBP) 화폐 단위는 라틴어로 무게를 뜻하는 'pondus'에서 유래되어 한편으로는 'libra'로 표기되기에, 영국의 파운드를 약자로 표기할 때에는 대문자 'P'가 아니라 'libra'의 첫 글자인 'L'로 표기하고 있다.

또한 영국 돈의 소액 단위인 페니는 'd'로 표시되는데, 이는 로마 시대의 은화 데나리우스에서 유래되었다.

* £(파운드를 나타내는 기호)

£는 리브라(libra)의 첫 글자인 L에서 유래했다. £는 주로 영국 파운드화의 통화기호로 사용되고 있으며, 1999년까지는 이탈리아 '리라'와 아일랜드 '파운드'의 통화기호로도 사용되었다.

최초로 조세피난처(Tax Haven)를 만든 국가

조세피난처(Tax Haven)의 정의를 살펴보면, 세금이 면제되거나 현저히 경감되는 국가나 지역을 의미한다.

단속이 어려운 점을 이용하여 이곳에 특정 기업이 페이퍼컴퍼니를 설립한 후, 돈세탁을 위한 용도나 본국의 세금 징수에 대한 합법적 조세 회피 또는 불법적 탈세를 하기 위해 널리 이용되고 있다.

개인에 대한 세금은 거의 부과되지 않으며, 또한 다국적 기업이 이곳에 본거지를 두면 법인세 절감도 가능하기 때문에, 일반적으로 세금을 절감하기 위해 조세피난처에 본사를 두고 다른 국가에는 자회사를 둠으로써 자회사를 둔 국가들에서 발생한 이익은 조세피난처에 있는 본사로 집중시킨다.

특히 *헤지 펀드(hedge fund)라 불리는 투자기업들

대부분은 조세피난처에 본적을 두고 있는데, 이는 조세 회피라는 장점 이외에 비밀 보장이라는 두 가지 장점 때문이다.

예상과는 달리 조세피난처를 최초로 만든 국가는 다름 아닌 영국이며, 현재도 다수의 조세피난처를 실질적으로 지배하고 있는데, 영국이 케이맨 제도에 조세피난처를 만든 것에 대한 대응책으로 미국은 마셜 제도를, 그리고 룩셈부르크, 스위스, 네덜란드 등은 그 국가들 스스로 조세피난처로 변신했다.

문제는 조세피난처가 탈세를 방조함과 동시에 범죄의 은닉 장소로도 사용되고 있다는 점이 우리에게는 불편한 진실로 다가온다는 것이다.

* 헤지 펀드(hedge fund)

헤지펀드는 레버리지 기법을 이용하여 최소한의 손실로 최대한의 이익을 얻는 것을 목표로 하는 투자방식으로서, 위험을 상쇄하는 투자 등을 통해 손실을 피하거나 줄이려고 노력한다. 헤지펀드는 다른 종류의 투자펀드와 비교할 때 리스크가 높고 정부의 규제가 적은 편이며, 최근에는 원유나 귀금속 등 실물에 투자하기도 한다. 단기 투자와 단기 고수익을 목표로 하기 때문에, 태국의 외환 위기나 멕시코 페소화 하락 등의 사례처럼 해당 국가에 외환 위기를 초래할 가능성도 다분하다.

19세기 미국이
중앙은행 설립을 하지 않았던 이유

　미합중국 제 2은행(Second Bank of the United States)은 1817년 1월 미국 의회에서 미합중국 은행으로서 공인되었는데, 이 은행은 국영 은행이 아닌 민간 은행으로서 정부가 대주주로 20%의 지분을 가지고 있었고, 나머지 80%는 4천 명의 개인투자가들이 지분을 가진 주식회사 구조였다.

　당시 이 은행이 공인된 배경은 미영 전쟁(War of 1812)으로 인한 미국의 극심한 인플레이션과 군사비 조달 등이 그 이유였다.

　이 은행 공인 당시 미국에는 마침 운하 열기가 고조되는 가운데 1825년 천문학적 비용이 들어간 *이리 운하(Erie Canal)가 개통되었다. 덕분에 과거에는 미시시피 강을 따라 우회하던 서부 농산품이 이 운하를 통해 동부로 바로 운송되면서 운송 비용 및 운송 시간이 대폭 단축되었다.

그러나 이 와중에 미합중국 제 2은행과 주립은행은 계속해서 첨예한 갈등 구조를 만들었고, 결국 1833년 9월 잭슨 대통령은 미합중국 제 2은행에 정부의 자금 예탁을 종료한다는 집행 명령을 발동했다.

당시 잭슨 대통령은 비록 이 은행이 없어지더라도 그로 인해 예상될 수 있는 신용 위축 사태를 공인된 주립은행을 통해서도 막아낼 수 있다는 판단을 함에 따라, 1836년 이 은행은 인가 기간의 만료와 함께 자동적으로 폐지되었다.

이 은행이 사라지자 시장의 화폐도 함께 순식간에 사라졌는데, 긴축 통화가 시작되면서 1837년 3월의 이율이 2~3%로 상승, 미국 증권시장은 엄청난 타격을 받게 되어 뉴욕 증권시장의 주가는 곤두박질치기 시작했다.

결과적으로 이로부터 수십 년 동안 미국은 중앙은행을 설립하지 않았다.

* 이리 운하(Erie Canal)

   이리 운하는 미국 뉴욕 주에 위치하고 있으며, 뉴욕 항으로 흐르는 허드슨 강을 통해 오대호와 대서양 사이를 배편으로 연결이 가능하게 만들었다. 이렇게 함으로써 이 운하는 미국 동부와 서부 내륙 간에 교통 혁명을 일으켜 운송 비용을 획기적으로 절감할 수 있었다. 결과적으로 뉴욕 주 서부의 인구 이동이 일어나 서부지역 개척의 길을 열어주는 시발점이 되었다. 한편 이 운하가 촉발한 운하 열기 때문에 각종 운하 관련 회사들의 주식 가격이 천정부지로 치솟으면서 한때 뉴욕 증권시장은 대성황을 이루게 되었다.

그린 백(Greenback)

미국의 남북전쟁은 천문학적인 전비로 연방 금고를 텅비게 만들었고, 더 나아가 뉴욕 증권시장의 모든 주식들을 휴지 조각으로 만들어 버렸다.

당시 대형 은행은 대부분 유럽 자본의 소유였고 그나마 돈을 빌려주겠다는 은행은 연 24~36%의 살인적인 고금리를 요구하여, 결국 링컨은 어쩔 수 없이 재무부 명의로 새로운 지폐를 찍어낼 수밖에 없었다.

1861년 2월 12일 링컨은 의회를 설득해 조폐권을 따냈고, 다음 해에는 금화, 은화, 동전만을 주조해 오던 조폐국이 지폐 뒷면이 녹색으로 인쇄된 정부의 공식화폐인 그린 백(Greenback)을 발행하게 되었다.

그러나 천문학적 규모의 그린 백을 남발하여 인플레이션이 발생하고 더 나아가 전쟁 자금도 부족하게 되자, 1863년 링컨은 결국 *국립은행법에 서명하게 되었다.

의회는 이 법을 통과시킴으로써 정부에 그린 백 3억 달러를 발행할 권리를 부여했는데, 그 결과 상업 은행은 의무적으로 그린 백을 비축해야했고 이중 절반은 뉴욕 중앙은행에 보관하도록 했다.

이로써 링컨은 전국의 화폐를 통일하고 중앙은행을 재건함으로써, 전쟁 기간 중 혼란에 빠진 화폐 상황을 깔끔하게 정리하기에 이르렀다.

* 국립은행법(National Bank Act)

1863년 2월 25일 국립은행법(National Bank Act)이 통과되었는데, 이때는 미국 남북전쟁이 한창일 때였다. 이 법으로 인해 은행은 화폐를 발행할 권리를 가지게 되었고, 반면에 정부 채무는 화폐를 발행할 때마다 눈덩이처럼 커졌다. 이 법에 의한 화폐 발행은 1935년 폐지되었다.

미국의 알래스카 매입 비용은

알래스카라는 이름은 섬이 아닌 땅이라는 의미의 알류트어 '알라흐스하크'에서 유래되었으며, 1741년 덴마크의 탐험가 비투스 조나센 베링의 부하인 알렉세이 일리치 치리코프가 유럽인 중 최초로 발견하였다.

이후 알래스카는 러시아 제국 영토로 편입되었다. 그러나 1853년 오스만제국, 영국, 프랑스를 상대로 크림전쟁을 시작한 러시아는 전쟁으로 심각한 재정난을 겪어 결국 모피 획득용 해달이 줄어든 알래스카를 경영하기가 더 이상 어렵다고 판단이 서자, 알래스카의 매각에 서둘러 나서게 되었다.

1867년 미국의 *윌리엄 슈어드 장관과 조약을 맺은 러시아는 당시 이웃 국가인 캐나다에 알래스카를 매각하는 것이 당연하다고 생각했으나, 적국인 영국의 영토였던 캐나다에 팔 수 없어서 결국 차선책으로 미국에 알래스카를 매각하게 되었다.

당시 알래스카의 매입 액수는 고작 720만 달러, 즉 1 km² 당 5달러가 채 되지 않는 금액이었지만, 일부 미국 국민들은 '알래스카는 슈어드의 냉장고'라고 비아냥거리거나, 슈어드의 알래스카 매입을 '슈어드의 바보짓'이라며 맹비난했다.

그러나 1880~1890년대 금 발견에 이어 은, 석유 등의 각종 지하자원들이 차례로 발견되고, 금광을 개발하게 되자, 미국은 반세기만에 매입가의 약 100배에 달하는 천문학적인 이익을 얻게 되었다.

현재 미국은 중동 산유국, 베네수엘라에 이어 석유 매장량 순위가 세계 3위인데, 이는 알래스카에 매장된 엄청난 양의 석유에 기인한 것이다.

1959년 1월 3일 알래스카는 공식적으로 미국의 49번째 주가 되었다.

* 윌리엄 헨리 슈어드
(William Henry Seward, 1801.5.16~1872.10.10)

슈어드는 미국 제 16대 대통령인 에이브러햄 링컨과 17대 대통령인 앤드루 존슨 대통령 당시 미국 상원의원이자 미국 국무부 장관을 역임했다. 1860년에는 공화당의 대통령 후보로 지명되기도 했다. 에이브러햄 링컨은 남북전쟁 직전에 대통령에 취임하자마자 라이벌이었던 슈어드를 국무부 장관에 임명했다. 그가 국무부 장관으로 재직하면서 내린 주요결정 중 마지막은 바로 러시아 영토인 알래스카를 매입한 것이었다.

빚으로 나라를 통째로 말아먹은 왕은

피지는 오세아니아에 약 350여 개의 섬으로 이루어져 있는 섬나라로 옛날에는 식인 풍습이 한때 행해졌고, 또한 일부다처제를 통한 족장의 강력한 통치형태가 존재했다.

결혼 제도는 수많은 부족들을 서로 연결하는 고리역할을 하기도 했지만, 부족 간에 싸움과 분쟁이 끊이지 않다가 1850년 경 통일 왕국을 이루었다.

정식 국명은 피지 공화국(Republic of Fiji)으로서 영어나 힌디어로는 일반적으로 'Fiji'로 표현하지만, 현지 피지어로는 '비티(Viti)'로 표시한다.

피지란 이름은 *제임스 쿡이 통가에 지낼 때 통가인들이 '비티(Viti)'를 '피지(Fiji)'로 부르는 것을 그대로 적어 지금에 이르고 있다.

문제의 발단은, 피지에 사는 한 미국인이 부족 항쟁에 휘말리는 바람에 가지고 온 상당한 물건이 부족에 의해 훼손되어 국왕에게 당시 4만 5천 달러의 배상금을 요청했다고 한다.

 지불할 돈이 없었던 당시 사콘바우 국왕은 이 배상금을 마련하느라 토지 20만 에이커를 담보로 영국으로부터 9천 파운드를 빌렸는데, 눈덩이처럼 불어나는 이자를 결국 갚지 못해 영지는 차례로 영국에 넘어갔고, 이후 국토 전부가 영국령이 되어버렸다고 전해진다.

* 제임스 쿡(James Cook, 1728.10.27.~1779.2.14.)

 영국의 탐험가이자 항해사로 널리 알려진 제임스 쿡은 태평양을 세 차례 항해하면서 영국의 식민지 개척에 지대한 공헌을 했다. 그의 항해를 기점으로 유럽 열강들의 대항해시대는 막을 내리고, 바야흐로 식민주의와 제국주의 시대가 본격적으로 전개되었다.

시리오브런던의 힘은 면에서부터

서기 43년 *클라우디우스 황제가 이끄는 로마군이 템스 강을 거슬러 온 뒤, 런던 일대 강변에 로마식 건물과 성벽을 세운 다음 라틴어로 '론디니움(Londinium)'이라는 명칭을 붙였는데, 훗날 이 명칭은 런던(London)이 되었다.

영국 런던 도심의 뱅크 역을 중심으로 하는 그레이터런던(Greater London)의 가장 작은 행정구역인 이곳은 전 세계 면 원료와 면 제품의 거래를 선도하는 지역이 되었다.

19~20세기 초 당시 국제 무역의 주요 상품은 면제품이었고, 영국은 전 세계 면제품 거래를 독점하면서 자연스럽게 면제품의 원료가 되는 목화는 인도, 이집트 등지에서 런던으로 집결되었다.

따라서 전 세계 면제품 시장의 큰 손들 역시 런던으로

몰려들면서 이후 영국은 외환, 투자, 보험 등을 포함하는 세계 금융을 쥐락펴락하는 위치에 올라서게 되었다.

미국 월스트리트와 더불어 세계 금융의 중심으로서, 잉글랜드 은행을 비롯하여 JP 모건 체이서, 모건 스탠리, 골드만삭스, 아메리카 은행, 시티 그룹, HSBC 등 약 5천개가 넘는 세계적인 금융기관이 밀집해 있는 곳이기도 하다.

이곳은 세계 금융의 중심으로 현재까지도 명성을 떨치고 있는데, 세계 경제에 막강한 영향력을 끼치고 있는 이유 중의 하나는 영국이 조세피난처의 총본산이기 때문이다.

* 클라우디우스(Claudius, BC 10.8.1~54.10.13)

클라우디우스는 로마 제국의 제 4대 황제로서, 마르쿠스 안토니우스의 손자이다. 군사력으로 로마 황제를 결정짓는 군인황제시대의 첫 케이스가 되는 불명예를 안았다. 한편으로는 비(非)원로원의원의 정치 참여를 보다 넓히는 계기를 만들었는데, 이는 관료제의 발달로 이어지게 되었다.

달걀 1개 값이
3천2백 억 마르크였던 적이 있었다

제 1차 세계대전 직전 *독일의 마르크는 이웃 국가인 영국 파운드나 프랑스의 프랑, 이탈리아의 리라에 비해 매우 안정적으로 유통되고 있었다.

그러나 독일은 제 1차 세계대전의 패전에 따른 전쟁배상금 지불을 위해서 대규모 재정적자가 불가피했고, 따라서 독일의 화폐가치는 제 1차 세계대전 직전에 비해 크게 떨어졌다.

독일이 지불해야할 전쟁배상금은 1천3백2십억 상당의 마르크 금화(Goldmark)로서, 이는 당시 독일 국민총생산의 2년 치에 해당하는 천문학적인 액수였다.

결국 독일 경제는 파탄에 빠졌고, 미화 1달러가 4조 2천억 마르크로 교환되어 달걀 1개 값이 자그마치 3천2백억 마르크에 달하는 등 극심한 인플레이션이 발생하면서 지폐는 거의 휴지조각으로 변해버렸다.

화폐는 가장 주요한 교환 기능을 상실하면서 독일경제는 담배나 귀중품 등으로 빵을 사고파는 물물교환 경제로 되돌아갔고, 시장에서는 '담배 몇 갑'을 물물교환의 기준으로 삼게 되었다.

1923년 슈트레제만 내각은 전국 토지를 담보로 해서 1조 파피어 마르크(Papiermark)를 새로운 1렌텐 마르크(Rentenmark)로 하는 지폐를 새로 발행하는 개혁을 단행했다.

이렇게 극심했던 인플레이션은 겨우 수습되었고, 이후 렌텐 마르크는 다시 라이히스 마르크(Reichsmark)로 대체되었다.

* 독일의 마르크화 변천 과정

금마르크(Goldmark, 1873~1914년)-파피어마르크(Papiermark, 1914~1923년)-렌텐마르크(Rentenmark,1923~1924년)-라이히스마르크(Reichsmark, 1924~1948년)-동독 마르크(Mark der DDR, 1948~1990년)-독일 마르크(Deutsche Mark, 1948~2001년)

제 1차 세계대전 덕분에
세계 제일의 채권국으로 전환된 국가

18세기 후반 미국이 영국으로부터 독립할 당시 미국은 신생국에 지나지 않았고, 또한 제 1차 세계대전 직전에는 미국은 영국에 30억 달러나 되는 엄청난 채무를 지닐 정도로 경제 상황이 별로 좋지 않았다.

영국과 독일과의 금융전쟁으로도 일컫는 제 1차 세계대전으로 인해 공업 생산력에 차질이 생긴 유럽 국가들은 미국에 대규모로 군수물자를 발주하게 되었고, 전쟁터인 유럽에서 멀리 떨어진 미국은 조금도 피해를 입지 않고 천문학적인 전쟁 특수를 누리게 되었다.

이를 통해 미국이 영국을 포함한 기타 국가들에게 부담했던 엄청난 채무는 자연스럽게 소멸되었으며, 반대로 미국은 이들 국가에 대해 상당액의 채권을 확보하는 위치에 서게 되었다.

한편 미국은 제 1차 세계대전 중 영국과 독일 사이에서 중립을 표방해왔으나, 1917년 4월 미국이 독일에 선전포고를 하면서 *연합국은 동맹국에 대해 반격에 들어가는 전기를 맞이했다.

제 1차 세계대전 당시 미국은 세계 1위의 산유국이었고, 전쟁 중 연합국에 공급하는 대부분의 석유는 미국이 담당했는데, 연합국의 승리는 당연히 미국의 석유 공급 덕택 때문이었다는 이야기가 전해진다.

미국은 제 1차 세계대전 덕분에 세계 1위의 채권국으로 전환되었다.

* 연합국 vs 동맹국

제 1차 세계대전은 연합국과 동맹국 양대 진영으로 나뉘었는데, 주요 연합국은 대영제국, 러시아 제국, 프랑스 제 3공화국, 이탈리아 왕국, 미국 등이며, 반면에 동맹국은 독일 제국, 오스트리아-헝가리 제국, 오스만 제국, 불가리아 왕국 등이다.

1926년 미국 플로리다 부동산 거품 배경

　플로리다 주는 선샤인 코스트(Sunshine Coast)라는 별명이 붙을 정도로 각광을 받는 휴양지였는데, 사람들은 언젠가 있을지도 모를 플로리다 부동산의 폭등으로 인한 환상적인 이득을 늘 꿈꿔왔다.

　이윽고 플로리다 지역 이곳저곳에 버려진 땅들이 개발되기 시작하면서 수십만 명의 땅 투기업자들이 플로리다 주로 모여들어, 플로리다의 주의 인구는 순식간에 증가했다.

　1921년 플로리다에는 7개의 새로운 *카운티들이 형성되면서 최대의 휴양지이자 투기의 천국으로 변모했는데, 1923~1925년 약 2년간의 짧은 기간 동안 플로리다의 부동산 가격은 약 5~6배로 폭등했다.

　그러나 1926년과 1928년 두 차례에 걸쳐 허리케인이 플로리다 주를 강타하면서 수백 명의 사상자가 발생했고, 마이애미의 건물 수천 채가 무너졌으며, 허리케인으로 인한 이재민 수는 약 1만 5천 명에 달하는 등 도시 전체가 크게 황폐화되는 일이 발생했다.

결국 이에 영향을 받아 플로리다 주의 부동산 가격이 일제히 폭락하기 시작하면서 부동산 거품이 꺼지기 시작했다.

1920년대 후반 플로리다 주는 이 재앙으로부터 일부 회복되었으나, 이어서 닥친 1929년의 대공황은 미국 전체에 타격을 주면서 미국 경제가 동시에 흔들리기 시작하였다.

* 카운티(County)

카운티는 영어권에서 주(州) 또는 군(郡)에 해당되는 행정 구역의 명칭이다. 카운티는 프랑스어로 백작이 소유한 영지를 뜻하는 단어인 '콩테'에서 유래했다.

세계 대공황은 왜 일어났는가

 1929년 뉴욕 주식시장의 대폭락을 세계 대공황(Great Depression)의 시발점으로 대체로 인용하고 있는데, 대공황의 근본 원인에 관해서는 지금까지도 설왕설래가 이어지고 있다.

 케인즈 학파의 존 케인즈는 대공황의 원인을 유효수요의 부족으로 분석한 반면, 통화주의자인 밀턴 프리드먼은 통화 공급의 붕괴를 그 근본 원인으로 꼽고 있다.

 당시 *뉴욕 월가는 1922년부터 1929년까지 전반적으로 초호황을 누렸고, 미국 경제가 약 50% 상승하는 동안 다우존스 지수는 약 4배 이상 치솟았다.

 1929년 초, 월가 투자자들의 주식투기가 정점으로 치닫자, 연방준비 은행은 증권시장의 과열 상태를 그대로 방치할 수 없어 같은 해 3월에 긴축통화를 단행하게 되었다.

따라서 은행들은 서둘러 대출금을 회수하기 시작했는데, 특히 주식 중개인에 대한 보증금 대출금을 집중적으로 환수했다.

1929년 10월 24일 뉴욕 월가의 주가 대폭락에 이어, 10월 29일 화요일 당일에는 주가지수가 무려 22%나 폭락하는 등 '뉴욕 증권거래소 112년 역사상 최악의 날'을 장식하면서 미국경제가 완전히 붕괴되고 말았다.

생존 위기에 빠진 미국 은행들이 서둘러 외국에 대한 단기 대출금을 지속적으로 회수하자 유럽 은행들 역시 연쇄적으로 파산하게 되었고, 당시 세계의 공업 생산력은 약 44%, 세계 무역은 약 65%나 하락했다.

결과적으로 대공황이 전 세계로 급속히 확산되면서, 뉴욕 월가는 인간의 탐욕이 빚어낸 광기 어린 투기로 이후 최소 30여 년간 참혹한 대가를 치러야만 했다.

* 월가(Wall Street)

뉴욕 시 맨해튼 남부에 위치한 거리로서 미국의 주요 거래소 등 세계적인 금융기관들이 밀집해 있다. 17세기 식민지 시대에 뉴 암스테르담(New Amsterdam)의 북부를 경계로 이 지역이 성벽으로 둘러싸여 있었기 때문에 '월가'라는 명칭이 유래했다.

미국 증권거래위원회의 설립 배경

1933년 미국 경제가 위기에 처해있을 때 루스벨트 대통령이 펼친 강력한 경기부양책 내용 중 특히 금융업에 대한 규제가 강화되었다.

1933년 3월 중순, 재무부는 전국 은행 중 약 4분의 1에 해당하는 은행을 퇴출시킴으로써 부실 은행들을 정리하였고, 이어서 같은 해 루스벨트 대통령은 *증권법 (Securities Act), 1934년에는 증권거래법(Securities Exchange Act)을 연이어 통과시켰다.

1929년 미국 주식시장의 붕괴 원인을 불공정한 거래 관행 때문으로 분석한 연방정부는 그 대책으로 미국 증권시장을 감시 감독하는 정부 출연기관인 미국 증권거래위원회(SEC: Securities and Exchange Commission)를 1934년에 설립하기에 이르렀다.

위원회는 투명하지 않은 거래 관행과 주식시장 조작을

종식시킴으로써 투자자의 신뢰를 회복하는 것을 그 주
목적으로 하며, 구체적으로는 증권의 등록, 증권시장에
대한 감시 감독, 증권 거래인에 대한 등록 및 감독, 재무
제표에 대한 기준 마련, 연방증권 위반 사항에 대한 조
사, 연방 정부의 민사 및 형사소송 지원 업무 등을 수행
하고 있다.

위원회는 미국 대통령의 지명과 상원의 동의를 통
해 임명된 5명의 위원으로 구성되고, 임기는 5년
이며, 산하에 기업 금융(Corporation Finance),
집행(Enforcement), 투자 관리(Investment
Management), 위험·전략·금융혁신(Risk, Strategy,
and Financial Innovation), 무역 및 시장(Trading
and Markets) 등 5개 부문으로 조직되어 있다.

그러나 자유를 존중하고 권력 독점에 반대하는 미국에
서 전무후무한 증권법과 증권거래법은 보통법의 원칙에
위배되는 것으로 보기 때문에, 경제학계의 불만이 계속
해서 끊이지 않고 있다는 점은 숙제로 남아있다.

* 미국 증권법(Securities Act)의 제정 취지

　1929년의 주식 대폭락과 이어진 대공황으로 인해 미국 연방의회는 증권시장을 통한 자본 조달을 강력하게 규제하는 방법을 모색하였다. 특히 투자자를 보호하기 위한 엄격한 증권의 발행과 유통을 목적으로 1933년에 미국 증권법(Securities Act)를 제정하게 되었다.

블록 경제와 제 2차 세계대전

블록 경제(Bloc Economy)의 정의부터 살펴보면, 몇 개의 국민 경제를 하나의 블록으로 통합해 타 지역에 배타적인 무역정책을 취하는 경제권을 의미하고 있다.

이 용어는 1929년 대공황 이후 세계적인 경제위기와 국가 간 시장경쟁이 심화되는 가운데 등장하였다. 1932년 7월 오타와에서 열린 대영제국 경제회의에서 세계 대공황을 타개하기 위해 '오타와 협정'을 체결하였는데, 영국을 중심으로 하는 경제블록을 설정하여 영국과 그 식민지, 속령 간 특혜관세가 생기면서부터 이 용어가 등장한 것이다.

당시 대공황의 여파와 금본위제의 붕괴는 세계 여러 나라를 통화권별로 파운드 블록, 달러 블록, 마르크 블록, 프랑 블록 등으로 독립적으로 만들게 되었다.

먼저 블록 경제의 가장 대표적인 예로서, 전쟁 전 일본과 영국은 한때 *영일 동맹(英日同盟)을 맺는 등 밀월관계인 적도 있었으나, 일본의 산업 성장과 더불어 두 국가의 관계는 경쟁으로 점차 악화되어갔다.

그러나 1933년에는 라이벌인 일본이 영국을 제치고 세계 최고의 면제품 점유율을 보유한 국가로 우뚝 서자, 이에 영국은 일본 제품을 배척하기 위해 식민지였던 인도와 호주 등지에서 일본 면제품에 대한 수입 규제를 실시하는 등 소위 블록 경제는 이렇게 시작되었다.

대공황 후 영국에 이어 미국, 프랑스 같은 선진국들도 블록 경제를 시행하는 등, 보호무역에 근간을 둔 세계 각국의 무역 활동은 급격하게 축소되면서 결국 세계경제 질서는 자연스럽게 붕괴되었다.

이와 같은 일련의 상황들은 제 2차 세계대전이 발발하게 된 커다란 요인 중 하나로 작용했다.

* 영일동맹(英日同盟)

러시아 제국의 남하에 대비하여 영국과 일본 양국이 체결한 군사 동맹이다. 1902년 1월 30일 제1차 영일동맹, 1905년 8월 12일 제2차 영일동맹 그리고 1911년 7월 13일 제3차 영일동맹을 체결했다. 6개 조로 구성된 영일동맹 협약에는 일본은 중국과 조선, 영국은 중국에서의 이익을 서로 인정하였다. 또한 한쪽이 다른 나라와 교전할 때에는 동맹국은 엄정중립을 지키며, 한쪽이 2개국 이상과 교전할 때에는 동맹국은 같이 전투에 임한다는 내용 등을 포함했다.

전후 초기 미국이
눈부신 경제 성장을 이룰 수 있었던 배경

　제 2차 세계대전 막바지였던 1944년 7월 미국의 주
도하에 44개국의 대표가 미국 뉴욕 교외의 뉴햄프셔 주
브레튼우즈에 모여 전후 통화시스템에 대해 각국 대표
들이 열띤 토론을 벌였다.

　이곳에서 환율절하 경쟁을 하지 않고 국제무역의 확대
를 꾀하는 연합국 통화금융회의가 개최되었는데, 회의
결과 *국제통화기금(IMF)과 국제부흥개발은행(IBRD)
의 창설에 합의하면서 이른바 브레튼우즈 체제가 출범
하였다.

　이 체제는 미국 달러가 중심이었기에 '달러 본위제'라
고도 하는데, 금 1온스(31.104g) 당 미국 달러 35달러
를 고정시키고 금과 달러의 교환을 보증하였다. 이로써
달러를 국제 간 금융 거래에 기본이 되는, 기축통화로

정했다.

결과적으로는 미국만이 달러를 감독 발행하여 전세계의 무역과 금융을 쥐락펴락하는, 특히 미국에 유리한 소위 '브레튼우즈 통화시스템' 덕분에 전후 초기 미국이 눈부신 경제성장을 이룰 수 있었다.

더 나아가 전후의 국제경제는 전세계 금의 약 80%를 보유하고 있던 미국의 경제력에 의존하면서 달러의 지배하에 들어가게 되었다. 따라서 전 세계의 경제 주도권은 영국에서 미국으로 자연스럽게 옮겨가게 되어 달러의 시대가 활짝 열렸다.

* 국제통화기금(IMF)

총 189개국으로 구성된 IMF는 환율과 국제 수지를 감독함으로써 국제 통화 협력과 환율안정 및 조정, 즉각적인 재정보충을 통해 국가들의 지불 적응이 용이하도록 하기위해 조성되었다. 그러나 북한, 쿠바, 안도라, 모나코, 리히텐슈타인 등은 배제되었다. 각 회원국들은 국가별로 할당된 특별인출권(SDR)의 지분만큼 투표권을 가지며, 주요국의 지분은 미국이 17.398%, 일본 6.461%, 중국 6.394%, 독일 5.585%, 프랑스 4.225% 등이다.

마셜플랜과 미국 달러의 상관관계

유럽부흥계획(ERP: European Recovery Program)이라고도 일컫는 마셜플랜(Marshall Plan)은 제 2차 세계대전으로 폐허화된 서유럽 국가들을 위해 미국이 제안한 원조 계획으로서, 당시 발의자인 미국 국무장관 * 조지 마셜(George Marshall)의 이름을 땄다.

제 2차 세계대전이 종결되면서 황금 알을 낳던 무기시장이 사라지고, 국내 시장도 위축되어 버린 미국의 입장에서는 미국 경제에 새로운 활기를 불어넣어 줄 새로운 시장이 절실히 필요했다.

또한 당시 황폐화된 서유럽 동맹 국가들이 건재하려면 재건 자금이 절실히 필요했는데, 만일 이 국가들이 경제적 난관을 이겨내지 못할 경우 서유럽 전체가 공산화가 될 수도 있다는 미국의 판단도 작용되었다.

그러나 '서유럽에서 미국 상품을 사기 위해 필요한 돈

을 미국이 서유럽 국가들에게 빌려주면 미국 경제뿐만 아니라 서유럽 국가경제도 되살아날 수 있다'는 일거양득의 셈법이 더 철저하게 적용된 케이스였다.

결과적으로 마셜플랜이 시행된 지 약 4년 여 만에 미국의 달러는 영국의 파운드화가 누렸던 왕좌를 탈환하면서 공식적으로 세계 화폐의 정상에 오르게 되었다.

한편으로는 '마셜플랜이 미국 납세자의 세금으로 서유럽 국가들의 쇠락한 경제를 해결한 선례를 만들었다'는 일부 미국인들의 비평이 아직도 끊이지 않고 있는 점은 주목할 만하다.

* 조지 캐틀렛 마셜
(George Catlett Marshall, 1880.12.31~1959.10.31)

독일의 폴란드 침공으로 제 2차 세계대전이 발발한 당일인 1939년 9월 1일 미국 육군 참모총장으로 취임했다. 1947년 미국 국무장관이 된 후, 그가 제안한 마셜플랜을 통해 전쟁으로 황폐화된 서유럽의 재건에 지대한 공헌을 했다. 이 공로에 힘입어 1953년 노벨 평화상을 수상했다.

석유수출국기구(OPEC)가 결성된 이유

 1959년 아랍에서 채굴하던 브리티시페트롤리움 (British Petroleum)이 석유 가격을 10% 인하한다고 전격 발표했다.

 당시 시장 상황은 소련제 석유가 남아돌았기 때문이었지만, 정작 산유국들은 이 발표 내용을 사전에 전달받지 못한 상태여서 그들의 분노는 극에 달했다.

 이듬해인 1960년에는 설상가상으로 미국 기업인 스탠더드오일(Standard Oil Co.)이 석유 가격을 7% 인하하겠다고 발표함으로써 큰 파장을 일으켰다. 석유 가격의 인하는 산유국에 엄청난 타격을 주었기에 아랍 산유국들은 이를 더 이상 참지 못하고 공동전선을 펴서 서구의 석유 자본에 대항할 조직을 창설하게 되었다.

 *석유수출국기구(OPEC: Organization of the Petroleum Exporting Countries)가 바로 이것인데,

1960년 9월 14일 이란, 이라크, 쿠웨이트, 사우디아라비아, 베네수엘라가 결성한 국제적인 석유 카르텔 조직이다.

이 기구는 석유정책을 조정하기 위한 범국가 단체로서, 본부는 오스트리아 빈에 있으며, 2019년 1월 현재 13개 국가가 가입되어 있다.

* 석유수출국기구(OPEC) vs. 아랍 석유수출국기구(OAPEC)

석유수출국기구(OPEC)와 비교되는 아랍 석유수출국기구(OAPEC: Organization of Arab Petroleum Exporting Countries)는 1968년 1월 쿠웨이트, 사우디아라비아, 리비아가 설립한 아랍 산유국의 공동체이다. 산유국의 석유사업 촉진을 위해 결성된 국제기구로서 현재 11개 국가가 가입되어 있으며, 이집트는 1979년 이스라엘과의 평화협정 체결을 이유로 자격정지를 당한 상태이다. 본부는 쿠웨이트에 있다.

닉슨쇼크와 변동환율 제도

한국 전쟁(1950~1953년)은 미국 역사상 승리를 거두지 못하고 정전합의서를 작성한 최초의 전쟁으로, 달러가 위축되는 계기로 작용하였다. 더 나아가 1961년 5월 미국은 베트남 전쟁에 개입하였고, 무려 12년 동안 지속된 이 전쟁을 통해서 미국이 보유하고 있던 금이 점차 바닥을 드러냈다.

이에 미국은 유럽 각국에 자국의 화폐에 대한 평가절상을 요구했는데, 이들은 즉각 거부 의사를 표명했고, 프랑스를 비롯한 서구 국가들은 금 보유량을 급격히 늘렸다.

결국 미국은 대응책으로 세계 화폐 사상 가장 극단적인 결정을 하게 되었는데, 이는 곧 브레튼우즈 체제의 붕괴를 초래하는 직접적인 원인이 되었다.

다시 말하면, 1971년 8월 15일 닉슨 대통령은 달러의 금 태환 의무를 중단하는 동시에 추가적인 무역 적자를 내지 않기 위해 해외 상품에 대해 10%의 부가세를 징수했는데, 이를 소위 '닉슨 쇼크(Nixon Shock)'라고 한다. 이로 인해 브레튼우즈 체제가 속절 없이 무너져버리자, 1976년 1월 국제통화기금(IMF) 임시위원회는 자메이카의 킹스턴에서 회의를 열고 킹스턴 체제의 합의에 이르렀다.

이 체제의 가장 큰 특징은 각국에 환율제도의 재량권을 부여하여 *변동환율제도를 인정한 점이다. 문제는 이를 통한 경제 조정 효과도 있었지만 결과적으로는 라틴 아메리카의 채무 위기, 동남아의 금융 위기 등 세계가 심각한 경제 위기를 겪어야했다는 점이다.

* 변동환율제도(flexible exchange rate)

고정환율제도와 반대되는 제도이다. 원래 변동환율제도는 통화가치가 외환시장의 수급에 의해 결정되며, 통화당국의 외환시장 개입이 없는 제도를 의미한다. 그러나 현실적으로 오늘날 대부분의 국가는 관리 변동환율제도(managed flexible exchange rate)를 채택하고 있다. 한편 1970년대의 석유파동 위기 때 세계적으로 통화 혼란이 없었던 것은 변동환율제도의 장점인 충격 흡수장치가 작동한 것이라는 평가도 있다.

플라자 합의가
일본의 '잃어버린 10년'의 원인일까

1985년 9월 미국 뉴욕에 있는 플라자 호텔에서 G5 경제 선진국의 재무장관, 중앙은행 총재들이 모여 환율에 관한 합의에 도달하게 되었는데, 이를 플라자 합의 (Plaza Agreement)라고 한다.

이때 미국 레이건 정부가 이 회담에 압력을 넣어 달러의 평가 절하와 독일 마르크화, 일본 엔화의 평가절상을 주된 내용으로 하는 플라자 합의를 발표했다.

영국, 프랑스, 독일, 일본이 이 회담의 주요 의제인 달러 가치 하락에 동의를 한 이유 중의 하나는, 미국의 경제 침체가 지속될 경우 결과적으로 세계 경제에 전혀 득이 될 게 없었기 때문이었다.

플라자 합의 후 일주일 만에 독일 마르크화는 약 7%, 엔화는 8.3% 절상된 반면, 달러 가치는 급락하여 1987

년의 달러 가치는 1985년의 약 70%밖에 되지 않음으로
써 미국은 강력한 대외 수출경쟁력을 갖추게 되는 계기
가 되었지만, 독일과 일본은 수출에 막대한 타격을 입게
되었다.

위에서 언급한 플라자 합의는 일본 거품경제와 1990
년대 후반 누적되었던 경제 위기의 내재적 문제를 폭발
시키는 기폭제가 되었으나, 일본의 *'잃어버린 10년'의
직접적인 원인은 아니라는 견해가 대다수이다.

무엇보다도 일본의 금융 거품이 무서운 가장 큰 이유
는, 이 거품 자체가 일종의 부의 재분배를 고착화 시키
면서 시스템화가 되었다는 점이다.

* 잃어버린 10년

1991~2001년까지의 일본의 극심한 장기 침체기를 뜻한다.
1990년 일본의 주식과 부동산 가격의 급락으로 인한 수많은 기업
과 은행의 도산, 그리고 10년 이상 0% 성장률로 상징되는 거품경
제를 각인시키고 있다.

이라크 전쟁이 발발한 이유는 석유결제수단

제 2차 세계대전 이후 중동과의 석유 거래는 보통 미국 달러로 결제하는 것이 암묵적인 약속이었다.

이러한 상황에서 중동 국가들이 그들의 독재정권을 존속할 수 있게 되었던 가장 큰 이유는 미국과의 밀약이 존재했기 때문이었다.

즉, 중동 국가들이 석유의 거래대금을 달러로 지불하는 대가로, 외부로부터 이들을 위협하는 세력이 있다면 미국이 보호해온 실정이었다.

그동안 미국 달러는 석유거래에 있어서 기축통화로서의 지위를 국제적으로 확고히 다져왔는데, 2년 11월 이라크의 후세인 대통령이 처음으로 이 암묵적인 약속을 깨고 석유의 결제수단을 달러에서 유로로 변경함으로써 미국을 자극하기에 이르렀다.

이라크의 후세인 대통령처럼 미국 달러 대신에 유로로 거래하는 산유국들이 향후 계속해서 중동지역에 출현할 수 있다는 우려가 앞서자, 미국 정부 내에서는 중동 지역 안보를 이유로 이라크를 공격할 필요성을 환기시키며 여론전에 몰두했다.

당시 미국 경제는 거액의 빚과 만성적인 무역적자를 안고 있는 상황이었는데, 2003년 3월 20일 미국은 달러의 기축통화 지위를 유지하기 위해 '대량 살상무기 제거'라는 미명 하에 이라크를 침략함으로써 *이라크 전쟁이 시작되었다.

이라크 전쟁의 결과 후세인 정권이 붕괴하자, 이라크가 곧바로 이라크의 석유결제수단을 유로에서 미국 달러로 다시 환원시킨 사실은 눈여겨봐야 할 대목이다.

* 이라크 전쟁

이라크 전쟁은 '제 2차 걸프전쟁'으로도 불렸다. 2003년 3월 20일 미국의 이라크 침략으로 전쟁이 개시되어 2011년 12월 15일 종전되었으나, 미군의 이라크 철수 후 이라크는 테러, 내전 등으로부터 아직까지도 자유롭지 못한 상태이다. 미국이 파견한 조사단이 제출한 '이라크에 대량 살상 무기는 존재하지 않는다'라는 마지막 보고서는 이 전쟁의 정당성이 크게 흔들리는 결과를 낳았다.

서브프라임이 탄생한 배경

*미국 연방준비제도(Federal Reserve System)는 2001년 1월에서 2003년 6월까지 약 2년 반의 기간 동안 무려 13차례에 걸쳐 기준금리를 낮춰 부동산 시장을 활성화시켰다.

이때 금융계에는 서브프라임 대출상품(sub-prime mortgage)이 첫선을 보였는데, 이는 신용등급이 낮은 저소득층을 대상으로 주택자금을 빌려주는 주택담보 대출상품으로서, 서브프라임 자체는 신뢰도가 낮고 금리가 높게 설정되는 것이 특색이었다.

한편 미국 연방준비제도는 지금까지의 기조와는 반대로 2004년 6월부터 점진적으로 금리를 상향 조정했는데, 그 결과 2006년 6월까지 약 2년의 기간 동안 금리가 다섯 배나 올랐다.

서브프라임 대출은 미국 정부의 적극적인 권유에 따라

이미 2006년 중반에 미국 전체 부동산 대출의 약 45%나 차지하게 되었고, 심지어는 '노 다운 페이먼트(No down payment: 돈 한 푼 없어도 집값의 100%를 대출해주는 형태)'상품을 판매하기에 이르렀다.

그러나 이에 대한 상환 연체율이 급증하면서 결과적으로 2007년 여름 '서브 프라임 모기지 사태'가 일어나게 되었다. 서브프라임의 채무 불이행은 전 세계에 구조성 금융상품에 대한 부정적 시각을 키우면서 투자자들이 앞 다퉈 투자 상품을 매도하게 만들었다.

서브프라임은 투자자들에게 위험을 전가시켜 위험을 분산시키는 데는 탁월하였다. 그러나 몇 차례의 분산 과정을 거치면서 의도와는 반대로 오히려 시스템 위기로 발전했다.

결과적으로 2007년 월스트리트의 5대 투자은행의 상징이었던 튼튼한 재무를 자랑하던 베어스턴스, 리만브라더스 홀딩스, GM 등 굵직한 글로벌 회사들이 연쇄 파산하면서 글로벌 금융위기를 맞이하게 되었다.

* 미국 연방준비제도(Federal Reserve System)

1913년 12월 23일 미 의회를 통과한 연방준비법(Federal Reserve Act)을 근거로 설립되었다. 연방준비제도 이사회(FRB)에 의해 운영되며, 미국 정부의 재무 대리인으로서 상업은행의 지불준비금을 관리하며 연방준비권을 발행한다. 본 이사회는 가맹은행들의 법정지불준비율을 결정하고, 12개 연방준비은행에 의해 설정된 할인율과 예산을 심의한다. 연방준비은행은 명칭과는 달리 국립은행이 아니며, JP모건 및 몇 개 은행이 100% 지분을 소유하고 있는 사립은행이다.

레포(Repo)105

 환매조건부 채권(RP: Repurchase Agreement)는 금융기관 입장에서는 단기자금 확보의 수단이 되고, 투자자 입장에서는 단기 상품에 투자할 수 있는 매력적인 투자 상품이다. 그러므로 금리 상승기의 최고의 상품 중의 하나이다.

 환매조건부 채권인 '레포(Repo)105'는 *리먼브라더스가 현금 100을 빌리는 대신 적어도 105에 해당하는 채권을 담보로 제공한 데서 그 명칭이 유래했다.

 이것은 결산기 직전에 보유 채권을 나중에 되산다는 조건 하에 일시적으로 현금화하는 거래로서, 결산기 직전에 '레포 105'를 거래하면 결산서에는 현금이 많이 있는 것처럼 계상됨으로써 마치 재무 상태가 건전한 것처럼 보이게 된다.

 리먼브라더스(Leman Brothers) 사태의 주요 원인인

'레포 105'는 본사가 아닌 영국의 자회사에서 발생했지만, 리먼브라더스는 '레포 105'를 악용해서 미국 통화감독청(OCC: Office of the Comptroller of the Currency)의 감시의 눈을 교묘하게 피해갔는데, 결론적으로는 영국의 느슨한 금융 규제가 이 사태의 주요 원인으로 작용했다는 것이 다수 의견이다.

리만브라더스와 함께 몰락했던 AIG 역시 영국 런던과 밀접한 관련이 있었고, AIG가 끌어안고 있었던 거액의 서브프라임 모기지론(sub-prime mortgage)이 파탄의 주요 원인으로 작용했는데, 당시 이 서브프라임 모기지론 역시 AIG 본사가 아닌 런던 지사가 주도하면서 발생하게 되었다.

* 리먼브라더스

리먼 브라더스홀딩스(Lehman Brothers Holdings Inc.)는 1850년에 설립된 글로벌 금융회사였다. 투자은행, 증권과 채권 판매, 사모투자, 프라이빗 뱅킹(PB;자산관리) 등에 주로 관여했다. 본사는 미국 뉴욕에 자리하고 있었으며, 주요 자회사로는 Lehman Brothers Inc., Lehman Brothers Bank, FSB 등이 있었다. 2008년 9월 15일, 약 6천억 달러($613 billion)에 이르는 부채를 감당하지 못하고 파산 신청을 한 후, 노무라 증권과 바클레이즈에 분할 인수되면서 공중분해 되었다.

세계 최고의 도박 국가는 어디

우리의 예상과는 달리 세계에서 도박을 가장 좋아하는 국민은 호주인이다.

호주의 각 주정부 세입의 10%는 도박에 따른 수수료와 세금이고, 도박 중독자 역시 수십만 명에 이른다고 한다.

호주가 이렇게 도박을 좋아하게 된 역사적인 배경에는, 미국과 달리 호주 이민자에게는 윤리를 준수하는 청교도적인 배경이 없었다는 것이 가장 큰 이유로 꼽히고 있다.

더군다나 일반적으로 도박에 대해 너그러운 호주인들이 도박하는 사람을 그다지 부정적으로 보지 않는 문화가 지속적으로 형성되었기 때문이다.

호주 시드니의 대표적인 명소인 *시드니 오페라하우스 역시 복권을 기금으로 조성하여 건설될 정도로 호주인들에겐 이 분야가 생소하지 않다.

호주는 각 주마다 카지노를 비롯한 클럽, 바, 펍(Pub) 등이 성황을 이루고 있다. 아무리 조그만 동네 펍이라 할지라도 각종 포키머신(Pocky Machine)이 설치되어 있어 누구나 자유롭게 게임을 즐길 수 있다.

* 시드니 오페라하우스

1959년 3월 1일 착공하여 1973년 10월 20일에 완공되었다. 조개껍질처럼 생긴 시드니 오페라하우스 건물의 지붕 모양은 국제 디자인 공모전 작가인 덴마크의 건축가 예른 웃손이 오렌지 껍질을 벗기다가 우연히 영감을 떠올려 설계했다고 알려져 있다. 2007년 유네스코 세계 유산에 선정되었다.

참고자료 및 문헌

(제목기준, 가나다 순)

1. 〈강대국의 경제학 Balance〉 글렌 허버드, 팀 케인 지음, 김태훈 옮김, 민음사, 2014
2. 〈경제 강대국 흥망사 World Economic Primacy〉 찰스 킨들버거 지음, 주경철 옮김, 까치, 2004
3. 〈경제로 읽는 교양 세계사〉 오형규 지음, 글담, 2016
4. 〈경제학 강의: 화폐론〉 크누트 빅셀 지음, 오근엽 옮김, 아르케, 1999
5. 〈금융공황과 외환위기 1870~2000〉 차명수 지음, 아카넷, 2000
6. 〈금융으로 본 세계사〉 천위루, 양천 지음, 하진이 옮김, 시그마북스, 2014
7. 〈돈의 세계사 Money〉 조너선 윌리엄스 엮음, 이인철 옮김, 까치, 1998
8. 〈돈의 역사〉 김학은 지음, 학민사, 1994
9. 〈돈의 흐름으로 읽는 세계사〉 오무라 오지로 지음, 신정원 옮김, 위즈덤하우스, 2018

10. 〈대공황 전후 유럽경제〉찰스 페인스틴 외 지음, 양동휴 외 옮김, 동서문화사, 2000

11. 〈보이는 경제 세계사〉오형규 지음, 글담출판, 2018

12. 〈세계사 속 경제사〉김동욱 지음, 글항아리, 2015

13. 온라인 위키백과사전 https://en.wikipedia.org

14. 〈월스트리트 제국: 금융자본 권력의 역사 350년〉존 스틸 고든 지음, 강남규 옮김, 참솔, 2002

15. 〈월스트리트 100년〉찰스 가이스트 지음, 권치오 옮김, 좋은책만들기, 2001

16. 〈장기 20세기: 화폐, 권력 그리고 우리시대의 기원〉조반니 아리기 지음, 백승욱 옮김, 그린비, 2008

17. 〈추악한 전쟁 Unholy Wars〉존 쿨리 지음, 소병일 옮김, 이지북, 2001

18. 〈커런시 워 Currency Wars〉제임스 리카즈 지음, 신승미 옮김, 더난출판, 2012

19. 〈현금의 지배: 세계를 움직여 온 권력과 돈의 역사〉니알 퍼거슨 지음, 류후규 옮김, 김영사, 2002

20. 〈화폐의 역사〉캐서린 이글턴.조너선 윌리암스 지음, 양영철 옮김, 말글빛 냄, 2008

21. 〈화폐의 전망: 돈, 부채, 금융위기 그리고 새로운 세계질서〉필립 코건 지음, 윤영호 옮김, 세종연구원, 2013

22. 〈화폐이야기: 일곱 개의 키워드로 읽는 돈의 어제와 오늘 그리고 내일〉송인창외 지음, 부키, 2013

23. 〈1930년대 세계 대공황 연구〉양동휴 외 지음, 서울대학교 출판부, 2000

24. 〈21세기 자본〉토마 피케티 지음, 장경덕 외 옮김, 글항아리, 2014